目標を「達成するリーダー」と「達成しないリーダー」の習慣

JT時代から人を動かす能力を評価され、常に達成するチームを作り上げられる理由

浅井浩一
asai koichi

はじめに

この本を手にとってくださり、本当にありがとうございます。

浅井浩一と申します。

本書のテーマはズバリ「目標を達成するリーダー」。

さまざまな業種の多くのリーダーと直接向き合ってきました。リーダーががんばればがんばるほど、チームが目標達成から遠ざかっていく、そんな残念な努力をしているリーダーをたくさん見てきました。

一方で、チームを目標達成に導くことができるリーダーが共通してやっていることもたくさん発見できました。

個人の目標はもちろん、チーム全体として目標を継続的に達成するリーダーは何をやっているのか？

そんなことを1つひとつ解き明かしていくのが本書の目的です。

今現在、私は「日本マネジメントケアリスト協会」の代表理事として、多くの企業、業界団体、行政機関、公共団体、教育機関などに出向き、リーダー育成やマネジメント改革を行っています。

これまで1万人以上のリーダーに直接会い、さまざまな課題に耳を傾け、一緒に悩み、解決のお手伝いをしてきました。

もともと私はＪＴ（日本たばこ産業）でリーダー、マネジャーをしていました。

そこで、全国で最下位を連発していたような支店を破格の連続日本一に引き上げた、41歳からＪＴで管理職をしながら、職場再建のプロと称され、さまざまな企業研修、セミナーを行い、多くのリーダーと向き合ってきました。

自分自身が現場のリーダーでありながら、全国の同じ悩みを抱えるリーダーたちと一緒に課題に取り組んできたのです。

といって、私がとりたてて優れた人間だったかと言えば、決してそんなことはありません。むしろ、私は落ちこぼれのリーダーでした。

私は38歳のとき、広島の片田舎にある小さな営業所の営業所長に抜擢されました。「さあ、やるぞ！」というやる気だけはあったのですが、じつは、それまでの営業経験はゼロ。まったくの営業素人が営業所長として赴任してしまったのです。

そんな状況ですから、最初は営業員たちの言っていることがまったく理解できず、会議をしても、おどおどしながら隅で聞いていることしかできませんでした。

何もわからず、何もできないのですから、とにかくチームのメンバーに聞きまくるしかありません。

「これって、どういうこと？」

「これ、どうしたらいいと思う？」

端から見れば、どちらがリーダーかわからないぐらいです。

当然、営業の専門的なことはさっぱりわかりませんから、せめてできることとしてメンバーに関心を持ち、「何か、困っていないかな？」「自分にサポートできることはないかな？」と常に考え、接していました。

最初はそんなリーダーにすぎませんでした。かっこいいリーダー像とは真逆の落ちこぼれリーダーと思われても仕方ありません。

しかし、そんな落ちこぼれのリーダーだったからこそ、

・とにかくメンバーに問いかける
・メンバーに質問し、一緒に考えてもらう
・メンバーに本気で頼る
・人として誠実な関心を持つ
・メンバーやチームをていねいに観察する
・メンバーが困っていることは何かを考え、感じとる
・リーダーとして、サポートできることはないかを常に考える

という私のリーダーとしてのスタイルが確立していったのです。

すると、私が担当したチームは次々と目標を達成し、それだけに留まらず、破格の日本一を連発するようになっていったのです。

この自身の体験から、私が強く感じているのは「プレイヤーとしての優秀さ」と「リー

ダー、マネジャーとしての優秀さ」は違うということです。

本書を手にとってくれている人の多くは、プレイヤーとしてとても優秀で、個人として好成績を上げたからこそ、リーダーという役職に就いているのだと思います。

しかし今、リーダーとしてチームの目標を達成できずに苦しんでいるとしたら、おそらく次のどちらかに問題があるのではないでしょうか？

一度ここでご自身をチェックしてみましょう。

・「プレイヤーとしての優秀さ」と「リーダーとしての優秀さ」の違いに気づいていない
・気づいていてもそのシフトチェンジが自身のなかでうまくいっていない

では、リーダーとしての優秀さとは何でしょう？

一言で言うならば、そんなエッセンスを本書から感じとっていただけたら、と私は思っています。

あなた自身ががんばるだけでは、チームの目標を継続的に達成することはできません。

また、一部の優秀者に頼っている状態では「継続的に目標を達成する」というのは難しいでしょう。どんな優秀者でも、目まぐるしく変わる世の中で、常に好成績を叩き出すのは限りなく不可能だからです。

本当の意味でチームの目標を達成し続けるためには、あなたにはリーダーとしてチームのメンバー全員の力を引き出すことが求められます。

そして、人を育て、個人戦ではなく、あくまでもチーム戦として上を目指していくことが必要となります。

そのために、あなたはリーダーとして何を考え、何をしたらよいのか？


本書には、そのヒントを50個の項目にちりばめたつもりです。

組織のリーダーというのは、苦しいときもあるかもしれませんが、非常にやりがいのある、楽しく、価値ある仕事です。ときにメンバーの一生を左右してしまうような責任の重い役割でもあります。

それだけ責任重大で、価値ある仕事に日々向き合い、奮闘しているみなさんを私は心から尊敬していますし、本気で応援したいと思っています。

本書がその一助になれるとしたら、こんなに嬉しいことはありません。

ぜひ本書に書かれていることを手がかりに、１つでも２つでも実践することで「継続的に、目標を達成するチーム」を作っていって欲しいと思います。

マネジメントケアリスト　浅井浩一

○もくじ　目標を「達成するリーダー」と「達成しないリーダー」の習慣

第3章 ▼▼▼ 目標設定編

第4章 チームで達成するしくみ編

第5章 コミュニケーション編

○カバーデザイン　ＯＡＫ　浜田成実
○編集協力　イイダテツヤ

第1章

リーダーの資質 編

01

達成するリーダーは困ったときはメンバーに頼り、達成しないリーダーは弱音を吐かずに抱え込む。

「弱音を吐かず、常に強いリーダーでいなければいけない――」

多くのリーダーがこの思い込みを持っていて、結果として自分自身を苦しめています。

あなたがもし、すべての局面で状況を正確に把握し、分析し、戦略を練り、実行し、チームの目標を完璧かつ継続的に達成できるリーダーなら、「弱音を吐かずに、自分１人で抱え込む」というのもいいでしょう。

しかし、そんなリーダーはまずいません。

きっとあなたもメンバーが抱えている悩み、チームとして発生している課題に向き合いながら、日々苦悩しているリーダーの１人ではないでしょうか？

もちろん、そうした苦しい局面でも「チームを前に向かせる」というマインドを持つことは大切です。リーダーとして考えるべきことは徹底的に考え抜き、できる行動は臆せずするというスタンスを忘れてはいけません。

ただし、それらの**すべてを「1人で抱え込む」必要はない**のです。

チームにはメンバーがいるのですから。

課題について悩んでいるなら「これは、どうしたらいいだろう?」とメンバーに相談すればいいでしょうし、「AとBという選択肢のどちらがいいか、正直迷っているんだけど、どう思う?」と聞けばいいでしょう。

また、自分のなかでベストな解決策が思い浮かばないなら「この課題について、ちょっと知恵を貸してくれないか」とメンバーの力を借りればいいですし、助けが必要なときは「この部分について、私をサポートしてくれないか」と素直に頼ればいいのです。

このスタンスこそ、チームの目標を達成するリーダーのあるべき姿です。

きっとあなたにも経験があると思います。

部下として本気で「ついていきたい」と思うのは、何でも1人で完璧にこなすスーパーマンのようなリーダーだったでしょうか?

あるいは、「あなたに手を貸して欲しい」「ぜひ、助けて欲しい」とあなたのことを信頼し、心から頼ってくれるリーダーでしょうか？

答えは明白です。

自分のことを心から信頼し、頼ってくれるリーダーだからこそ、メンバーは奮起し、目標達成に向けて必死で考え、行動してくれるのです。

では、なぜ多くのリーダーが自分の弱みをさらけ出し、メンバーに頼ることができないのでしょうか？

メンバーは自分より無能で頼れる存在ではないという思い込みや、リーダーとしてのプライドが邪魔しているように思えます。

「バカにされたくない」「頼りないと思われたくない」「無能だと思われたくない」という思いがあるから、リーダーはメンバーに頼れなくなってしまうのです。

たとえば、メンバーから何かしらの指示を求められたとき、「ちょっとわからないな……」「本当にこれでいいのかな……」「うまくいかなかったらどうしよう……」と思うことがあるでしょう。そんなときこそ、自分の弱さをさらけ出し、メンバーに意見を求めればいいのですが、それができないというリーダーも少なくありません。

もちろん誰だって「馬鹿にされたくない」という思いはありますし、「あの人は頼れるリーダーだ」と思われたいに決まっています。

しかし、それって本当に大事なことでしょうか。仮にその場で体面を保ったとしても、チームの目標を達成できなければ本末転倒です。目標を達成できないリーダーほど、本来の目的よりも「自分の評価・評判」を気にしてしまいます。メンバーに頼ることで「自分の評価が下がるのではないか……」とマイナス要素ばかりに意識が向いてしまうのです。

一方、チームの目標を達成するリーダーは、そのプライドを捨ててでも、メンバーに質問し、頼ることができます。自分の弱さをさらけ出すことができます。

それはなぜかというと、答えはとてもシンプルです。彼ら、彼女らは**「チームに課せられた目標を達成する」という一番大事な目的がブレていない**からです。

リーダーとして孤軍奮闘することの限界を知り、頼りないと思われようが、チーム力で目標を達成することに意識を集中させる。そんな確固たる軸を持っているからこそ、目標を達成するリーダーは、プライドを捨て、頼ることができるのです。

01 達成するリーダーは、孤軍奮闘せず、チームの力を活かす！

02

達成するリーダーは常に「誠実な関心」を向け、達成しないリーダーは「SOS」に追われる。

メンバーからSOSが発せられたとき、即座に対応するのは、リーダーとして大事なことです。これは決して悪いことではありません。

私がコンサルタントとして関わっている企業でも、こんなことがありました。

ある商品を大手コンビニエンスストアで取り扱ってもらうために、何度も訪問していた部下が、あるとき「相手の店長から『二度と来るな！』と出入り禁止を食らってしまいました。どうしましょう……」と相談してきたのです。文字通りSOSです。

そのとき、リーダーはすぐにその店長のところへ部下と一緒に出向き、体を張って謝罪し、関係修復に努めました。

これはリーダーとして大事なことです。言わば、大切なスタンスと言えるでしょう。

しかし、落ち着いて考えてみると、本当に目指すべきは「相手の店長をそこまで怒らせることなく、もっと早めに対処すること」ではないでしょうか？

この部下だって、何度もその店舗を訪問していますし、店長とも顔を合わせています。

詳しく話を聞いてみると

「この忙しい時期に、アンタの話なんて聞いてられない！」

「今、本部からものすごいノルマが課せられているのに、それを下げて、アンタの商品を並べろって言うのか！」

「アンタはこちらの事情を考えてくれてないのか？　おたくの商品なんて、知ったこっちゃないんだよ！」

と散々怒られていたそうです。

こうした状況から、その部下の営業担当は、

「相手店長との信頼関係、人間関係ができていない……」

「どうやら、こちらの都合ばかりを押しつけていたようだ……」

ということがわかります。

もちろんこれは問題です。でも**一番の問題は、そんな部下の状況をリーダーが把握して**

いなかったという点です。

リーダーとして大事なのは「ＳＯＳが聞こえてから」即座に行動すること以上に、それ以前の段階、つまり日常のなかで、常にメンバーに「誠実な関心」を向けていることです。

「アイツは、浮かない顔で営業所に戻ってきたけど、大丈夫かな？」

「あの店長は気むずかしい人だって聞いているけど、うまくいっているかな？」

このように常に関心を向けていれば、当然「どうだった？」「あの店長、なかなか難しいって聞くけど、大丈夫？」と声をかけたくなるでしょう。

そんな**「誠実な関心」から生まれる日々のコミュニケーションこそが大事**なのです。

リーダーとして「進捗をチェックする」というのではなく、あくまでも「誠実な関心を向けてケアをする」という意味でのコミュニケーション。ここがポイントです。

達成するリーダーはこうして日々、メンバーの状況を把握しているからこそ、「ＳＯＳが発せられる前」にメンバーをサポートし、ケアすることができるのです。それだけ平時のコミュニケーションが大事だということです。

とはいえ、漠然としたコミュニケーションでは、なかなかメンバーの状況や現場の真実はわかりません。そこで必要になるのがモニタリングの手段です。

たとえば、日報を使う場合でも、「○○店に訪問」「○○店長に取り扱いの依頼」としか書かないメンバーは多いでしょうが、それでは「現場の真実」が見えてきません。

せめて「相手の反応」「感触の度合い」を書かせるように指導するとか、そういう欄を設けるなど、目的を明確にしたコミュニケーションができるような工夫をすると、状況把握が深まります。メンバーも目的意識を持って行動できるようになります。

もちろん、これは営業職に限った話ではありません。もし、製造部門で進捗が遅れているのなら、「その理由」や「改善提案」を書かせるなど、ちょっとした工夫をすることでモニタリングの質は飛躍的に向上します。

そうやって少しでも「現場の真実」を把握できれば、メンバーの状況がわかり、ＳＯＳが発せられる前からサポート、ケアができるようになります。

いかにメンバーに「任せている」と言っても、誠実な関心を向け、ていねいに観察を続けることはリーダーとして必須のことです。

02 達成するリーダーは、メンバーがSOSを発する前にSOSを察する!

03

達成するリーダーは言行一致で信頼を勝ちとり、達成しないリーダーは話で信頼を得ようとする。

プロフェッショナルの語源はラテン語の professus。「人前で公言をする」「宣言する」という意味があります。

私自身も「自分はどういうリーダーでありたいか」を明確にした『リーダー宣言』を作成し、メンバーの前で公言していました。

みなさんもメンバーとの信頼関係を深めるために「自分がいかなるリーダーでありたいか」を心の内に秘めるだけでなく、ぜひメンバーにオープンにし、宣言することをおすすめします。

そして、さらに大切なのが**「宣言したことを実践する」**ということです。

私が関係させていただいているあるシンクタンクで「ついていきたくなるリーダー、ついていきたくないリーダーとは?」という調査を実施したところ、次のような結果が出ました。

ついていきたくないリーダーとして群を抜いて多かったのが「言っていることとやっていることが違うリーダーの下では働きたくない」という回答でした。

私はＪＴ時代、「強靭な組織を作り、育て上げるキーとは何か？」という特集が社内報で組まれたとき、インタビューにこう答えました。

「方針とか方向性を定めてきちんと説明する。そこでマネジメントの仕事は終わりだという錯覚に陥ることがあります。しかし、むしろマネジメントとして重要なのは、その考えを具体的な行動にチェンジさせることです」

マネジメントの役割は、指示するだけでなく、具体的な行動にチェンジさせること。行動が伴わなければ、何を発信しても実業の世界では何も価値を生みません。

行動するのはメンバーで、リーダーは威厳を持って指示すればいいという考えを捨て、**自ら行動することがリーダーのもっとも重要な仕事という認識を強く持つことが大切**です。

では、どうしたら考えを行動にチェンジさせることができるのでしょうか？

それは、やってはいけない例を見れば、わかりやすいかと思われます。

たとえば、ある営業所長が、部下である営業課長に誠実な関心を持っていないのに、「もっと部下に誠実な関心を持て！」と叱り飛ばしたとします。その営業課長は所長の言葉を受け止め、自らも行動しようと思ってくれるでしょうか？

行動しようとは、まず思えないでしょう。

もし、営業課長の悩みを聞いてあげることもなく、成績表を振りかざし「業績目標を達成しろ！」とひたすらプレッシャーをかけたら、営業課長はプレッシャーに押しつぶされそうになりながら、さらに部下である営業員に同じようにプレッシャーをかけるでしょう。

つまり、所長の行動が映し鏡のように、課長からメンバーに伝染していくのです。

メンバーに望む行動をとってもらいたければ、まずはリーダー自身が望む行動を実践する。これがすべての起点になると言っても、過言ではありません。

ただ、ここで申し上げておきたいのは、宣言したことが100％実践できなくても自信を失わないで欲しいということです。がっかりしないでいいのです。

忙しさのあまり、目の前のことに忙殺され、メンバーの話をしっかり聴いてあげられなかった。そんなときもあるでしょう。

そう気がついたときは、できるだけ早く「先日はごめん。つい本社から求められている報告書に意識を奪われ、ゆっくり話を聴いてあげることができなかった。今日はゆっくり話を聴かせて」とメンバーに謝るなり、自分が宣言した通りの行動をとればいいのです。

メンバーは、たとえ完璧でなくても「宣言したことを一生懸命行動しようと努力しているリーダーの姿」を見てくれているものです。

完璧に行動できるリーダーより、むしろその「一生懸命努力している姿」にこそ心を打たれ、そんなリーダーを見習い、自分たちもそうあろうと行動してくれるものです。

少なくとも私の場合はそうでしたし、多くの企業の現場でもそういうシーンを見てきました。

自分のありたい姿をさらけ出し、そうあろうと行動すれば、メンバーは必ずあなたのひたむきな努力を見てくれています。そして、メンバーも自らも動いてくれるようになります。どうかみなさん、あなたの心のなかにある真心とメンバーの真心を信じ、言行一致の一歩を踏み出してください。

03 達成するリーダーは、言行一致でブレがない！

04 達成するリーダーはコミュニケーションの量は同じで、達成しないリーダーは「好み」で量が変わる。

リーダーだって人間ですから、メンバーに対して「好き・嫌い」はあるでしょうし、「相性がいい、悪い」という差があるのも当然です。

ただし、好きなメンバーとはよく話すけれど、嫌いなメンバーとは話さないというのは問題です。また、好きなメンバーには甘い態度で接するけれど、嫌いなメンバーには厳しくなる、というのはもはや問題外です。

好き、嫌いがあること自体はかまいません。というより、どうしようもありません。

ここで重要なのは、**リーダーとして「きちんと仕事で向き合う」というスタンス**です。

相手のことが好きであれ、嫌いであれ、メンバーが困っていたら積極的に声をかけ、全力でサポートするのは当たり前なのです。

メンバーに何かをお願いするときも、「この仕事はA君が得意だから、A君に任せよう」とか、「今、Bさんは比較的時間に余裕がありそうだから、お願いしよう」という、あくまでも「仕事」という範疇のなかで考えるのです。

いろんな研修やセミナーをすると、「嫌いな部下」「苦手な部下」との関わり方について「どうしたらいいか？」という質問をよく受けますが、大前提は「仕事として、フェアに向き合うこと」。リーダーとして、そのスタンスを大事にして欲しいものです。

ここでちょっと難しくなるのが、いわゆる仕事とは少し離れた世間話というか、プライベートに関わる話をする場合です。

たとえば、あるメンバーの小学生の子どもが「サッカーで全国大会へ行った」とか「奥さんが体調を崩しているらしい」などプライベートに関わる話をする機会もあると思います。あるいは、その本人が「昨日飲みすぎて、いまいち体調が悪い」とか「夫婦の関係が悪くて、落ち込んでいる」などの話もあるでしょう。

こうしたコミュニケーションを「必ずしなければいけない」わけではありませんが、メンバーに誠実な関心を向けていれば、少なからずプライベートに関わる話も出てきます。

このような「仕事外」の話になってくると、どうしても「好き・嫌い」「相性がいい、悪い」によって、コミュニケーションの量に差がつきやすくなるわけです。

そこで大原則として意識して欲しいのは、相手が好きであれ、嫌いであれ、相性がよかろうが、悪かろうが**「コミュニケーションの量には差をつけない」**ということです。

Aさんに声をかけたら、B君にも、Cさんにも同じ量で声をかけます。

この「量を揃える」という意識は非常に大切です。

とはいえ、相手によって、話の内容や深さ、返ってくる対応の温度は違うでしょう。相性のいい相手であれば、自分から家族の問題やプライベートの話を積極的にしてくるでしょうし、反対に、素っ気ない返答しか返ってこない人もいます。

相手によって、話の内容や深さが変わるのは、避けようがありません。プライベートの話をしたがらない部下に「最近、家族はどうだ?」なんて無理に突っ込んでいく必要はないのです。

ただし、本人の顔色や体調の様子などをていねいに観察しながら、「疲れているみたいだけど、大丈夫か?」「あんまり無理するなよ」というくらいの声かけは、相手を選ばず、平等にするべきです。

私も部下時代、出来が悪かったからか、上司がほとんど声をかけてくれませんでした。優秀な部下とばかり会話をし、飲みに誘っている上司を見て、いつもつらく寂しい思いをし、会社をやめたいと思ったこともありました。

何より大事なのは、**「このリーダーはえこひいきをしない」「自分を気にかけてくれている」とメンバーに感じてもらうこと**です。

最後に時代的な話をつけ加えておくならば、現代のビジネスシーンにおいて「自分と合わない部下とのコミュニケーション」というのはより重要度が増しています。

現代は、とりまく状況、マーケットのあり方、顧客のニーズなども目まぐるしく変化しています。そんななかでも常にチームの目標を達成していくには、チーム自体が柔軟で、多様性を持っていなければなりません。

ところが、自分の好きなメンバーばかりでチームを固めたら、チームは同質性の集まりとなり、どんどん時代からとり残されてしまいます。「相性が合わない」と思えるメンバーでも、遠慮することなく、リーダーの意見と異なる意見でも正直に言えるような環境を作ること。そんな異質性の集まりであることが、今という時代には重要なのです。

04 達成するリーダーは、えこひいきしない！

05 達成するリーダーは「叱り方」を使い分け、達成しないリーダーは相手のために厳しく叱る。

「メンバーへの叱り方がわからないんです……」というのも講演や研修、セミナーなどでよく聞かれる質問です。

「叱り方」については世の中にいろんなことを指南する人がいて、「叱ってはダメ、褒めて伸ばすことが大切！」と主張する本がたくさんかと思えば、「最近はメンバーに厳しく言えないリーダーが増えている」と嘆いている人もいます。

ここで1つ言えるのは、メンバーに対して「こういう叱り方が正しい！」「こんなコミュニケーションが絶対だ！」と自分のコミュニケーションスタイルに固執しないことです。

リーダーとして本当に学ぶべきは「どういう叱り方が正しいのか」ではなく、**「相手や状況に合わせてコミュニケーション、叱り方を変える」**という柔軟な意識のほうです。

家族を例にとると、わかりやすいでしょう。息子はガラスのハートのように繊細で叱るとしょげかえって自信を失うタイプ。娘はストイックで、多少厳しい言葉を投げかけたほうが成長するタイプ。賢明な親は、この性格に応じてその子にとって適切な言葉を選んでコミュニケーションするでしょう。

私の知り合いにある営業チームを率いているリーダーがいて、この人はものすごく厳しくメンバーを叱責することで、チームの目標を常に達成に導いていました。

しかし、そのコミュニケーションが常に、絶対的に正しいかと言えば、そんなことはありません。事実そのリーダーは厳しい言葉を受けとめてもらえるよう、自らも率先して行動し、信頼関係を築くことを忘れてはいませんでした。

逆に信頼関係が築けていないのに厳しく叱責してしまうと、メンバーのモチベーションを下げかねません。結果、チームの業績を落としているリーダーも何人も知っています。

また、私は他の拠点のメンバーに、「どんな上司の下で働いてみたい？」と聞いたことがあります。彼から、自分を厳しく追い込んでくれて成長させてくれる上司の下で働きたいと返事が返ってきました。会話を続けていると、あなたの部下になりたいと言うのです。

理由を聞くと、６年前上司から厳しく怒られ思い悩んでいるとき、あなたが優しい言葉をかけてくれて親身に相談に乗ってくれたことをいまだに忘れませんと言うのです。

その言葉を聞いてハッとしました。彼の発した言葉をもう一度思い返して考えました。彼は、厳しいだけではなく、本気で自分のことを思って、ときには厳しいことでもしっかり言ってくれる上司の下で働きたいと伝えたかったのではないかと。

一面的に偏った接し方ではなく、そのメンバーの性格や置かれた状況、真意を一生懸命考えて言葉を選択すること。このことは自分自身も心がけたいと思います。

つまりリーダーというのは「自分のスタイルを持つこと」よりも、「相手や状況、目的によってマネジメントスタイルを変える」ということのほうが大事なのです。

残念ながら、これができていないで自分のスタイルに固執してしまっているリーダーはかなり多いと思います。

「すごくデキの悪い部下が1人いて、何度も厳しく指導しているのですが、なかなかやる気になってくれません。どうしたらいいですか?」

この質問に対して、私が最初に言うことはシンプルで「何度も厳しく指導してうまくいかないなら、その指導の方法を変えるべきではないですか?」ということに尽きます。

そのリーダーに言わせれば、これまで厳しく指導することで、何人もの部下を成長させてきたのかもしれませんが、そのリーダーシップのあり方、マネジメントのスタイルが全員に通用するわけではありません。

事実、目の前のメンバーが成長していないなら、こちらのアプローチを変えるのは当然の対応です。

叱り方1つとっても、「どういう叱り方が正しいか」と考えるのはすばらしいことですが、その1つの方法に固執するのは大きな間違いです。

それぞれのコミュニケーションのとり方や叱り方が、どういう目的で、どういう効果を狙っているのかをきちんと理解し、冷静に判断したうえで、柔軟に変えていくようにしましょう。

感情に任せて叱るのは問題外ですが、もう一段上のリーダーを目指すならば、「自分のリーダーシップスタイル」に固執するのではなく、あくまでも軸足を相手に置き、自分のスタイルを変えていく。そんな姿勢と能力を身につけたいものです。

05 達成するリーダーは、相手によって柔軟に叱り方を変える！

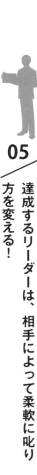

06

達成するリーダーはメンバーの優秀さを引き出し、達成しないリーダーは自分の優秀さを発揮する。

あなたはリーダーとして自分自身の優秀さを発揮し、周囲や上司に認めて欲しいと思っていますか？

それとも、部下やチームのメンバーたちの優秀さをフルに発揮させたいと思っていますか？

とかくリーダーというのは、自分の優秀さを発揮したくなるものです。

なぜなら、リーダーになっているという時点で、あなたはプレイヤーとして優秀な成績、実績を叩き出し、それが評価され、今のポジションについているからです。つまり、あなたは自身の能力を発揮して、周囲に評価される環境を生き抜いてきたわけです。その成功体験があるからこそ、どうしても自分が能力を発揮して、チームを引っ張っていこうと思ってしまいます。

もちろん、その意識自体が悪いとは言いません。

しかし、リーダーになったのなら、その瞬間から切り替えなければならない考え方があります。

それは**「リーダーとしての優秀さとは何か？」**ということです。


これまでプレイヤーとして発揮してきた「優秀さ」と、これからリーダーとして発揮していくべき「優秀さ」は根本的に違います。その違いを認識して、リーダーとしての「真の優秀さ」を発揮して欲しいのです。

では、リーダーとしての優秀さとは何でしょうか？

もちろん、そこにはいろんな要素があります。

しかし、継続的に目標を達成していくために絶対欠かせないのは、メンバーを成長させ、個々の優秀さを発揮させること。これだけは絶対に外せません。

そういう視点で、さまざまな場面を振り返ってみて欲しいのです。

たとえば、会議やミーティングの場面を思い浮かべてください。

もし、リーダーであるあなた自身がしゃべりまくっていて、問題点の抽出から解決策の策定、仕事の進め方や戦略など、すべてを指示しているとしたらどうでしょう?

仮にそのクオリティが高かったとしても、業績の成否があなた個人に大きく依存していると言えますよね。これでは、継続的な目標達成など望めません。

もちろん、あなたは優れた人材かもしれませんが、リーダーとしての「真の優秀さ」を発揮しているとは言えません。

リーダーとして考えるべきは、この会議やミーティングの場面でも**「いかにしてメンバーの成長を促し、それぞれの優秀さを発揮させるか」**ということです。そこにこそリーダーとしての優秀さが表れるのです。

もしかしたら、それは会議やミーティングの進め方の話かもしれませんし、人間関係やチームの雰囲気づくりの話かもしれません。

会議やミーティングの場面に限らず、あらゆるシーンにおいて、あなたは自分の優秀さを発揮するのではなく、メンバーを成長させ、メンバーの優秀さを発揮させるようなマネジメントをしているでしょうか?

そうやって自らのリーダーシップのあり方を考え、見直していくことが重要なのです。

私が初めて営業所長という管理職になった38歳のとき、母から「これからは自分の優秀さを捨てて、部下の方たちに助けてもらえるような人になりなさい」と言われ、その言葉を今でも胸に置いています。

逆に言えば、リーダー自身が個人として優秀でなかったとしても、メンバーの力を最大限発揮させることができるならば、それはリーダーとしての「真の優秀さ」を持っていると言えます。

人類史上まれに見る財を築いた「鉄鋼王」としても知られるアンドルー・カーネギーの墓碑にはこんな言葉が記されています。

『おのれよりも賢明なる人物を身辺に集むる法を心得し者ここに眠る』（『人を動かす』より）

この言葉にこそ「リーダーとしての真の優秀さ」は集約されているように思えてなりません。

06

達成するリーダーは、メンバーの成長を促す！

07

達成するリーダーは腹心のメンバーと2人体制で進め、達成しないリーダーは1人でマネジメントする。

チームや組織をマネジメントする際に「1人でやろうとしない」というのはじつに大事な鉄則です。

たとえば、日々のミーティングについても、リーダーが1人でマネジメントする組織と2人体制の組織とでは、その意味合いや効果がまるで違ってきます。

仕事をしていれば、リーダーとしてチームのメンバーに「伝えたいこと、伝えなければならないこと」がたくさん出てくるでしょう。

事業の方針が上から降りてくれば、それを伝えなければなりません。リーダー自身がチームの課題を感じ、何かしらの改善に取り組むこともあるでしょうし、自分が本や研修で学んだことを自組織で実践しようとするケースもあるでしょう。

そうした場合、リーダーは全員に向かって懸命に話し、伝えようとするわけですが、これがなかなか伝わりません。正確に言うなら「伝わっているか、どうか」がよくわからないのです。

そこで重要な役割を果たすのが、腹心の部下、ナンバー２の存在です。

私が研修を行ったある製薬会社の課長の話なのですが、彼はナンバー２との関係がすばらしく、まさに２人体制でマネジメントをしていました。

彼は、自分がチームに対して話をする際、ナンバー２には「オレの話がきちんとみんなに届いているか、みんなが理解しているかをしっかり見ていてくれ」とあらかじめ伝えておきます。さらに、「オレの話に、うんうん頷《うなず》いたりしないでくれ」ともナンバー２に言っていたのです。

「どうして、ナンバー2がうんうん頷いて聞いてはいけないんですか？」と私が尋ねてみたら、なんともすばらしい答えが返ってきました。

「リーダーが熱弁を振るって、ナンバー2がうんうん頷いていたら、周りのみんなも頷かざるを得なくなりますよね。そうすると、話が伝わっているのか、いないのか、まったくわからないじゃないですか」

それを聞いて、私は心の底から感心しました。

さらに彼は、ナンバー2に対して「ちょっと、そこのところがわからないんで、もっとわかりやすく説明してくれませんか？」とか「それを今現場でやるのは難しいのですが、すぐに着手しなければいけませんか？」と率先して意見を言うように伝え、メンバーの思いや状況を代弁する役割をあえて担わせていたのです。

リーダーとナンバー2がこうした役割を担っていれば、メンバーの理解度や反応を確認しやすくなりますし、チーム内で正直な意見交換もしやすくなります。

もちろん、このリーダーとナンバー2の役割を逆転させて、ナンバー2が主に話して、リーダーがメンバーの反応を観察するという方法もあります。

いずれにしても、この2人体制がとても効果的なのです。

チームをマネジメントする際、リーダーはいろんな悩みや問題に直面すると思います。たとえば、この本を読んで「こんなことを、自分のチームでもやってみたい」と思うことが1つや2つ出てきたとしても、大切なのはそれをチームに浸透させ、きちんと機能させることです。

特に、新しいチームを任されたとき、着任早々感じた課題を何とかしようと口に出した途端、「トップが変われば方針がころころと変わる」と受け止められてしまいがちです。

もちろん、リーダーにはチームを変革するチャレンジをして欲しいのですが、ここで私が助言したいのは**「1人でやろうとしない」**ということです。

「このチームは、こんなところが課題だと思うんだよね」とか「本で、こんなことを読んだから、これを導入したいんだよね」という思いがあるのなら、まずはナンバー2にその話をしてみてください。そして、ナンバー2が感じているチームの問題や現状の課題などについても、じっくり耳を傾けてください。

そのうえで**「何を、どうやっていくか」を2人で考える**のです。

そうやってナンバー2との2人体制ができてくれば、チームのマネジメントはグッと楽になりますし、より効率的かつ効果的になります。

結果として、リーダーとナンバー2がタッグを組み、同じ価値観で、同じ方向を向いているチームが継続的に、高い成果を出し続けるのです。

07 達成するリーダーは、ナンバー2との連携が抜群！

第2章

人材育成 編

08

達成するリーダーは「1対1」の育成にこだわらず、達成しないリーダーは「自分が育てる」と言う。

リーダーにとって人材育成はとても重要なテーマです。

「なかなか成長してくれない部下をどうやって育成すればいいですか?」というのは、リーダーからよく聞く悩みのベスト3に入ってきます。

人材育成のポイントはいくつかありますが、最初に踏まえておきたいのはやはり**「1人で抱え込まない」**ということです。

使命感のあるリーダーほど「自分が育ててやらなければならない」と強く思っていますし、たしかにリーダーにはメンバーを育てる責任があります。

ただし、これは育成のすべてをリーダーが担うという意味ではありません。そこを誤解しないでください。

これはある自動車販売会社の話ですが、店長がいくら指導してもなかなか成長してくれない営業マンがいました。店長としては、店舗全体の業績責任を負っているので、その営業マンにはぜひとも成長してもらわなければなりません。本人にとっても販売台数を伸ばさないことには評価につながらず、給与・賞与も上がりません。

ところが、いくら「こういうことはきちんと実施しなければダメだ！」「お客様に対しては、こういう準備をして、こういうコミュニケーションをとって欲しい」と伝えても、なかなか成長してくれません。

そこで私は「同じような悩みを抱えていた方が、信頼を寄せている先輩とか、同じ立場で働いている仲のいい同僚からアドバイスをもらったらうまくいったケースもありましたので、どうでしょうか」とお話ししました。

そうしたやりとりで、店長はある1人の先輩社員に、その営業マンにアドバイスをするようにお願いしました。

それをきっかけに、これまで自分が何か月も言い続けてできなかったことが、少しずつできるようになってきたのです。

これは本当によくあるケースです。

とかくリーダーは「自分が教えなければいけない」「優秀で、経験豊富な自分が教えるのが一番いい」と思い込みがちですが、決してそんなことはありません。

相手は人間ですし、状況はさまざまです。

ちょっと上の先輩が「オレも、この間まではなかなかできなかったんだけどさぁ……」という感じで親近感を持って教えたほうがグッと成長する場合もあります。先輩どころか同期から言われたほうが「アイツがこんなにがんばってるなら、自分もやらなきゃ」と思い、奮起することもあります。

当たり前の話ですが、人材育成で大事なのはそのメンバーが育つこと。

その目的のために、**自分の立場にこだわるのではなく、チームのメンバーを巻き込んで、よりベストな方法を採ることにこだわりましょう。**

ぜひ、そんな真のリーダーシップを発揮してください。

「メンバーを巻き込んで人材育成をする」ということには、ほかにも大きなメリットがあります。

ラーニングピラミッドという学習モデルを聞いたことがあるでしょうか？

有名なモデルなので知っている人も多いでしょうが、ラーニングピラミッドでは、学んだことをもっとも高いレベルで定着させるには「人に教えるのが一番効果的」と言われています。

つまり、誰かを育成する場合「育成されている人」が成長するとともに、「教えている人」も成長できます。

そういう観点で考えれば、リーダー1人が育成しているのは、チーム全体として非常に非効率な育成スタイルと言えます。

教わる人のみならず、教える人の成長にもつながるのなら、なおさらチームを巻き込み、みんなで成長し合える機会を作っていきましょう。

リーダー以外の人も積極的にメンバーを育成、サポートするという雰囲気が醸成されると、それだけチームのコミュニケーションも活発になりますし、「助け合い」の文化が生まれます。

すると、限られた優秀者だけがチームの業績を支えるのではなく、相互協力によって、チーム総力体制で目標達成を目指すような「真のチーム」になっていきます。

08 達成するリーダーは、チーム内で成長し合える環境を作っている!

09

達成するリーダーは業績の悪いメンバーを見ると喜び、達成しないリーダーは疎ましく思う。

どんなチームにも「業績の悪いメンバー」はいるものです。

多くのリーダーはチーム全体の成績や目標達成の責任を担っているので、どうしても業績の悪いメンバーを疎ましく思ってしまいがちです。

一方、本当に目標を達成し続けるリーダーというのは、業績の悪い部下が育っていくことそのものに喜びを感じるものです。

考えてみれば当たり前の話で、そもそも優秀な人だけがチームの業績を支えている場合、その優秀者が異動したり、退職したりすると、業績は下がってしまいます。あるいは、どんな優秀者だって、現代のような変化の大きいマーケットにおいて、高い結果を出し続けるのは容易ではありません。

つまり、**チームとして継続的に目標達成をし続けるには、優秀者のみに頼るのではなく、「人を育てる」ことがどうしても不可欠**なのです。それだけ育成が重要なのに、リーダーが業績の悪いメンバーを疎ましく思っていたら、育つものも育たないに決まっています。

とはいえ、いくら優秀なリーダーでも、相手の成長がまったく感じられない状況で「相手の成長に喜びを感じましょう」なんて言っても無理な話。

そこで私がオススメしたいのは**「小さな成長を可視化する」**ということです。

育成されている本人はもちろん、育成しているリーダーの側にも「手応え」が必要です。つまり、その小さな手応えを感じ合うことができれば、それだけ「育成」や「成長」に喜びを感じることができるのです。

さて、ある食品メーカーにもやはり「業績が上げられないメンバー」がいました。コンビニエンスストアなど小売店に商品を扱ってもらい、その売上げを伸ばしていくという営業をしているのですが、これがなかなかうまくいきません。

この姿にリーダーはやきもきするでしょうが、いきなり「業績・結果」に着目していると「小さな成長」を感じることができません。

大事なのは、そこに至るプロセスをていねいに積み重ねていくこと。

たとえば、この会社では次のようなプロセスがありました。

①店長の品揃えに対する考えをしっかり聞く
②その店舗で売れていない商品を見つける
③売れていない商品の替わりとなる商品を提案する
④提案する商品のサンプルや（ＰＯＰなどの）販促ツールを見せ、説明する
⑤取り扱っていただいた後のフォローの内容を説明する

優秀な営業パーソンの場合、こうしたプロセスを日々、確実に行うことで結果に結びつけているのですが、業績の悪い人というのはなかなかこれができません。

そこで、まずは右のように「営業としてのプロセス」「基本行動」をきちんと可視化して、その部下が「何ができていて、何ができていないのか」を把握することです。

たとえば、１番の「店長の品揃えに対する考えをしっかり聞くこと」ができていないとしたら、そこをまず重点的に指導し、日々確認していきます。

そのメンバーが営業へ出ようとする前に、リーダーが「今から訪問する店舗で、店長の品揃えに対する考えは確認できてる？」と聞いて、すぐに答えが返ってくるようならば１番はクリアです。

でも、その答えが返ってこないようなら、「それを把握してないうちは営業に出なくていいよ」と言って、営業には出さない、そのくらい徹底する必要があります。

そして、1番ができるようになったのなら、「その店舗で売れ行きが鈍い商品は何？」と質問をして、2番ができているのかどうかを確認します。

このような**「プロセスの可視化」と「何ができて、何ができていないのかの把握」が大事**なのです。

一見、手間がかかるように感じますが、実はこれが近道です。具体的にプロセスを可視化していないと、「あいつはいつまで経っても業績が上げられない……」など原因がつかめず、ただ愚痴を言うばかりで、らちがあきません。

もちろん、こうしたプロセスの段階では、結果や成果には至っていません。

しかし、この**「小さな成長」を把握し、それをきちんと認めてあげることができるか。**

さらには、**その成長自体をリーダーとして喜べるかどうか。**

結果として、これが大きな差を生んでいくのです。

09 達成するリーダーは、業績の悪い部下の育成にやりがいを感じる！

10 達成するリーダーはメンバーの小さな成長を見逃さず、達成しないリーダーは結果ばかりに注目する。

前の項目で「プロセスを可視化して、小さな成長を認める」という話をしましたが、これができているリーダーは案外少ないものです。

私は講演や研修などの席でよくこんな質問をします。

「ここ1週間以内に、上司から業績以外で褒められたことを教えてください！」

すると場内がザワザワし始めるのですが、手を挙げて自分のエピソードを教えてくれる人はなかなかいません。

そこで私が「1週間以内というのが短すぎるなら、ここ1年以内でもいいですよ」と言い直すのですが、これまた手が挙がらない。そこで詳しく聞いてみると「業績のことなら褒められたこともあるんですが、それ以外となるとまったく記憶にないんですよ……」とか「1年どころが、ここ10年褒められた記憶がありません」なんて人がゾロゾロ出てくるのです。

そんな話で会場は笑いに包まれるのですが、上司自身も業績のプレッシャーで結果の数字に意識を奪われ、部下の行動を褒める余裕さえ失っていることを痛感させられます。

たとえば、前の項目で語った営業プロセスをとり上げて考えてみましょう。

①店長の品揃えに対する考えをしっかり聞く
②その店舗で売れていない商品を見つける
③売れていない商品の替わりとなる商品を提案する
④提案する商品のサンプルや（ＰＯＰなどの）販促ツールを見せ、説明する
⑤取り扱っていただいた後のフォローの内容を説明する

1番について、以前は全然できていなかったメンバーが即答できたとき、あなたはリーダーとして「すごいな。ちゃんと店長の考えを把握してるじゃないか」と相手の成長を認め、褒めてあげることができているでしょうか？

「そんなことは、できて当たり前」と思い、メンバーの成長を認めることすら忘れてしまっている人もいるでしょう。

でも純然たる事実として、以前はできなかったことができるようになったのです。その**小さな成功を承認し、褒めないで、「業績が上がらない」「成績を叩き出せ！」と言い続けても決してメンバーは育ちません。**

事実、この食品メーカーにいたメンバーは、その後少しずつ4番までプロセスを踏んでいき、今では、訪問前に店長の方針を確認し、目的を明確にして段取りを整えて出かけるようになりました。少ない訪問回数で業績につなげることができるようになっています。

まさに、小さな変化に気づき、褒め続けた結果です。

かつて私のチームのなかにも、やる気がなく、私の話もロクに聞かず、チームのミーティングにも積極的に参加しない、というメンバーがいました。

それでも根気よくコミュニケーションを続けていたら、あるとき、私の話を聞きながら彼がメモをとるようになったのです。

はっきり言って「メモをとる」なんて基本中の基本ですし、社会人1年目からできて当然のことかもしれません。

でも、私は「きちんとメモをとるなんてスゴイな。やっぱり記録しておくのは大事だもんな」と相手の行動を認め、褒めました。私にしてみれば、そんな彼の成長が本当に嬉しかったのです。

その後、彼はチームのミーティングでもメモをとるようになりました。それだけでなく、ミーティングが終わった後に私や先輩のところへやってきて「今日の話って、こういう要点で問題ないですか？」「こういうポイントを押さえておけば大丈夫ですか？」と確認するようになったのです。

ミーティングでメモをとり、その内容に間違いがないかを確認に来るなんて、すごい成長だと思いませんか？

私は感激して「確認に来るなんて、本当にスゴイよ。そういうことをみんながでたら、チーム全体が同じ方向に向かってがんばれるよな」と素直に伝えました。

当然のことながら、「メモをとること」とか「その内容を確認すること」で業績が飛躍的にアップするほどビジネスは甘くはありません。

しかし、そういった**小さな変化を認め、褒めることができるリーダーこそが結果として人を育て、チームの目標を継続的に達成していく**のです。

10 達成するリーダーは、小さな成長を大事にする！

11 達成するリーダーは1人の悩みをチームに展開し、達成しないリーダーは自分で解決しようとする。

ここでは「メンバーから相談された内容」をどのように対応するのか、という話をしたいと思います。

大前提として「メンバーから相談される」という時点で、それはすばらしいリーダーです。「いつでもオレに相談してくれ！」というリーダーは大勢いますが、実際に、メンバーが本音で相談に来てくれるリーダーというのはそう多くはいません。

もし、あなたがメンバーから本音で相談されるリーダーだとしたら、それだけ良好な関係を築けているということです。

さて、その相談をどのように受け止め、対処するのか？

ここでも大事なのは**「1人で抱え込まない」**ということです。

育成であれ、問題解決であれ、自分1人でなんとかしようとするリーダーがけっこういますが、それはむしろマイナス面がたくさんあります。

たとえば、メンバーからあくまでも仕事上の相談を受けている場面を想定します。

この場合、１対１で対応すると、どうしてもリーダーのアドバイスがベースとなってきます。

リーダーのキャラクターにもよりますが、往々にして、「その問題は、こういう方法でチャレンジしてみたらどうだ！」「そこは逃げずに、がんばらなきゃダメだぞ！」とリーダーは言ってしまいます。

こうなると、メンバーとしては「わかりました」「がんばります」と言うほかありません。

これは私の講演や研修、セミナーでも同じで、質疑応答のときに受講者から質問され、私が答えると、大抵の人は「ありがとうございました。勉強になりました」と言います。

納得してくれるのは嬉しいのですが、さらにもう１つ突っ込んで「そうは言っても、現場で実践するのは難しいんじゃないんですか？」「本当に、明日から実行できそうですか？」と尋ねてみると、「いや、ちょっと私には難しそうです」「現場では、いろいろ状況も違うので、実践するには時間がかかると思います」なんて返事が返ってきます。

相手の言うことは理解できても、「実践できるか」というのはまた別の話なのです。

リーダーと1対1で向き合っているときも同じです。よほど親密で、信頼し合える関係性ができていない限り、メンバーはリーダーのアドバイスに対して「それは自分には無理そうです」「現場の状況的に、その時間がとれないんです」とは、なかなか正直には言えません。

だからこそ、個人の悩みや課題であっても、できるだけチームのメンバーを交えて「みんなで解決策を探っていく」というアプローチが必要なのです。

みんなで話していれば、多様な意見、アドバイスが出ますし、リーダーの意見に対しても「それは、ちょっと現場的には苦しいですね」と言いやすくなります。

そういう意見をナンバー2に積極的に言ってもらう（そんな根回しをしておく）という方法もあります。

さらにもう1つ、リーダーが自分1人で解決しようと思っても、リーダーだって万能ではありません。そもそもリーダーは万能である必要などないのです。

特に現代では、**すべての答えをリーダーが持っているのではなく、チームとして「知のインデックスカード」を持っていることが重要だ**と言われています（※）。

ハーバード大学の社会心理学者であるダニエル・ウェグナーが提唱していることですが、

※参考：『世界の経営学者はいま何を考えているのか』入山章栄：著（英治出版）

組織のなかで重要なのは「みんなが同じことを覚えていること」ではなく「組織のなかで、誰が、何を知っているかを知っていること」です。

問題や課題、悩みが浮上したときに、「その問題ならA君に聞くといいよ」「その作業はBさんにお願いしたらすごく速いよ」という感じで、「知のインデックス」ができていることが大事なのです。

もし、あなたがリーダーとして部下の悩みや課題を自分の力で解決しようとしているとしたら、もう少し楽になることをオススメします。

メンバーのなかで、誰がその問題に対する解決策を持っているのか？

誰に相談し、誰に頼むと、よりよい答えやアドバイスを得られるのか？

そんな「知のインデックス」を作っておくといいでしょう。

すると自然に異質性のチームができあがり、より多様な問題、課題にも柔軟に対応できるようになっていきます。

11 達成するリーダーは、1人の悩みはチームで解決しようと考える！

12 達成するリーダーはリーダー候補に練習させ、達成しないリーダーは優秀な人材をすぐ登用。

組織のリーダーにとって「次のリーダーをどうするか」というのは、非常に大きなテーマの1つです。

「優秀な人材を積極的に登用する」というのは、たしかに大切な要素です。役職を与えることで、人が成長するという部分があるのも事実です。

しかし、本書でも述べた通り「プレイヤーとしての優秀さ」と「リーダーやマネジャーとしての優秀さ」は根本的に異なるものです。「20、30代のときは優秀でも40代になるとただの人」という言葉を会社のなかでよく耳にしていました。プレイヤーとしてはものすごく優秀だったのに、リーダーとしてはそうでもないという人は大勢いますし、逆もまたしかりです。

そこで人を登用する前に、「見極める」「練習させる」というフェーズを作ることがとても効果的です。

実際、私がJT時代、営業所長をしていた頃「彼はいずれリーダーになっていくタイプだな」と思えるメンバーには、人材育成やチームミーティングのファシリテーターなどの役割を積極的に与えていました。

ただし、ここで「A君はなかなか業績が上げられないから、育成を頼むな」という感じでアバウトに投げるのはよくありません。

育成される側のA君だって、リーダーである私と、次のリーダー候補のK君の両方からバラバラの指導をされたら、それこそ困惑してしまいます。

人材育成をさせる場合には、

「リーダーとして、A君にはどんな人材になって欲しいと思っているのか」

「そのための育成プランをどのように作っているのか」

「特に、どの部分について成長して欲しいと思っているのか」

このようなことをきちんとK君にも伝え、共有しておかなければなりません。

そのうえで、K君からも「どのような指導、サポート、ケアをした方がいいと思うか」「どういうやり方がいいか」などの意見を聞いて、2人で話し合っていくのです。

こうして2人の意識や方向性が揃ってはじめて、部下育成のサポートをしてもらったのです。

会議やミーティングの場で、次のリーダー候補にファシリテーターをお願いするときに注意したい最大のポイントは、**リーダーである自分自身は存在感を消すこと**です。

あくまでも次のリーダー候補に、リーダーとしての役割練習をさせているという主旨を忘れてはなりません。もし、その場で、現リーダーである私が「それはちょっと違うな、こうしたほうがいいよ」とか「それでもいいけど、もっとこういうアプローチが効果的だよ」なんて言い出したら、その場はぶち壊しです。

もちろん、2人きりになったときに、本人から感想や感触を聞いたり、こちらが感じたことを伝えることはします。

しかし、チーム全体の場面でリーダーの役割を与えている限りは、発言を控えて任せるべきです。

実際、私は次期リーダー候補が話しているときはじっと聞いていましたし、ミーティング自体に私が参加しないケースも増やしていきました。

そうやってリーダー候補となるメンバーに練習する場を与えていると、その人のリーダーとしての資質や姿勢を見極めることができますし、本人にとっても、実際に役職に就いたときに備えた「大事な体験」になっているはずです。

そしてもう1つ付け加えておきたいのは、リーダーの役割の一部を担い、補佐してくれたのであれば、それをきっちり報いるということです。

もし、次期リーダー候補がメンバーを育成してくれたのならば、個人業績に対する評価とは別に、その部分をきちんと評価に反映させてあげなければなりません。

評価というのはフェアであるべきだ。

これは私の信条の1つですが、リーダーとしての役割を果たしてくれたのなら、どこかでそれを評価しなければ、それはアンフェアというものです。

会社や組織によって評価基準、評価システムは異なりますが、できる限り評価に反映させ、最低でも「この部分での貢献も本当にすばらしかった」「感謝している」というフィードバックは必ずしてあげてください。

12 達成するリーダーは、次のリーダー候補にうまく任せる!

13

達成するリーダーは「次期リーダー」を同席させ、達成しないリーダーは自分1人が面談者になる。

次期リーダーの育成という意味でも、「みんなでメンバーを育成する」という意味でも、ときに私は個人面談の場にリーダー候補を同席させることがありました。

かつてC君というあまり業績が伸びずに苦しんでいるメンバーがいて、そのC君の育成について、Aさん（次期リーダー候補）に協力をお願いしたケースがありました。

具体的には、私とC君との個人面談に、Aさんも同席させたのです。

もちろんこのとき、「C君の、こういう部分をもっと伸ばしてやりたい」「こんなやり方で、C君の指導をしていこうと考えている」という育成プランはしっかりとAさんと共有しておきました。

個人面談では、今期の目標や行動プランについて話し合うのですから、当然、育成を補佐してもらうAさんにも同席してもらったほうが、何かと好都合だからです。

また同時に、私とC君の個人面談の場に同席することは、これからリーダーになっていくAさんにとっても、貴重な体験になるわけです。

とはいえ、原則は個人面談ですから、同席させるにはいくつかの注意点もあります。

まず何よりも、面談の当事者であるC君の了解をとらなければなりません。

「通常は、私とC君で行う個人面談なんだけど、Aさんを次期リーダーとしても育成したいと思っていて、面談で実際にどんなやりとりをしているのかを勉強させるために、同席させてやりたいんだけど、いいかな？」

こんなことを事前にC君に確認します。

そして、同席するAさんにも前もって話しておかなければならないことがあります。

たとえば、「自分がC君との面談で何を目的としているのか」「どんな思いを伝え、どんな思いを相手から引き出したいと考えているのか」など、基本的な目的をきちんと共有しておきます。

また、私はよく「面談において、私のコミュニケーションについてどんなふうに感じたのか、『あそこは言いすぎだ』とか『あの場面で、C君はこんなふうに感じていた』などのフィードバックをして欲しい」ということも伝えていました。

このやり方はいろいろあります。

「気づいたことがあったら、その場で意見をして欲しい」のか、「面談中は基本的に黙って聞いていて、気づいたことは後で教えて欲しい」のかなど、**面談中のやりとりについても、きちんとコンセンサスをとっていくことが肝心**です。

じつは、この「人の面談に同席する」というのは、リーダー育成において非常に価値が高いものです。

考えてみれば、個人面談というのはブラックボックスのなかにあるもので、自分が部下時代に経験した「上司との面談」を除けば、他のリーダーがどんな面談、どんなコミュニケーションをしているのか知る機会がありません。

過去に上司から「その期の目標数値を伝えられ、じゃあ、がんばれ！」というタイプの期首面談をされてきた人は「面談とはそういうもの」だと思っています。

期末の評価面談の場合、なかなか第三者を入れにくいケースもあるでしょうが、期首の目標面談の場合、次期リーダー候補やそのメンバーの育成担当を同席させられないか考えてみましょう。

実際、ある大手人材会社の人からも、

「自分はチームリーダーという役割で、後輩の育成も担っているんですが、実際の評価者はマネジャーという役職の上司がいて、その上司と後輩の面談には一切入れないので、現場での育成がやや難しかった。できれば目標面談に入れれば、育成ポイントが把握できて育成をサポートしやすい」

こんな声を聞いたことがあります。

きっとあなたのチームにも「後輩やチームメンバーの育成に力を入れたい」という思いを持ったメンバーもいるはずです。

そんな**メンバーの力を最大限引き出し、チームとしての総力を高めていくためにも、目標面談に同席させる、というのはいい方法**です。

ぜひ試してみてください。

13 達成するリーダーは、リーダー育成としても面談を役立てる！

14

達成するリーダーはメンバーの状況次第で労力を変え、達成しないリーダーはすべて平等で、同じ労力。

改めて言うまでもなく、リーダーの時間や労力には限りがあります。

その限られた時間や労力をどのように使えばいいのでしょうか?

私がコンサルとして入っているあるIT系の会社には、A君というリーダーがいました。

彼は非常に熱心で、メンバー思いのリーダーです。メンバーのみんなと深く関わり、コミュニケーションを日々とっているため、いつも「時間がない、時間がない」と嘆いていました。

当然、自分の仕事がなかなか進まず、残業時間もどんどん増えていくという状況です。

最近は、残業に対して厳しい会社も少なくありませんし、なかでも「リーダーが残業するのはもってのほか」という風潮もあるでしょう。

リーダーとして、メンバー1人ひとりとコミュニケーションをとることはたしかに重要です。「調子はどうだ?」「体調が悪そうだけど大丈夫か?」という、いわゆる「声かけ」

に関しては、すべてのメンバーに平等であるべきでしょう。

しかし一方で、育成やマネジメントに関する**メンバーとの関わり方、労力や時間のかけ方については「メンバーの状況によって差をつける」必要があります。**

私が営業所長のとき、「営業パーソンとして実施すべき基本行動」というものを、みんなで話し合い、決めていました。

本書でもすでに述べた「プロセスの見える化」です。

それを実行すれば、それだけ業績が上がっていくという設計になっています。

しかし、基本行動を決めさえすれば、みんなが実行できるというほど甘い世界ではありません。ほとんど実行できている優秀者もいれば、全然実行できないメンバーもいました。

当然、私は「できないメンバー」に時間や労力を傾けます。

たとえば、営業同行の回数にしても、「できないメンバー」とは月に10回、15回でも行きますが、優秀者には一度も同行しないこともありました。

リーダーとして大事なのは「チームとしての目標を達成する」ため、あるいは「自分が作りたいチームに近づける」ために、**自分の時間や労力をどのように配分するのかを考え**

ることです。

メンバーに対して、平等にコミュニケーションをとらなければならない部分もあれば、メンバーの状況に応じて、効果的にかける労力を配分します。その見極めをきちんとして、意識的に使い分けること。これが大切です。

ここで重要なのは、**相手が優秀だからと言って、「ただ放っておく」のではない**ということです。

「この上司は自分のことを全然気にかけてくれない……」と思われないよう、日々のコミュニケーションは大事です。

また、特に優秀者に対しては「自分としては、こういうチームを作るために、このメンバーには特に力を入れて育成してやりたいんだ」という思いを伝えたり、「こういう面では、Aさんにも育成をサポートして欲しいんだ」など、チームが強くなるために力を貸してほしいと期待を明確に伝えることも大切です。

このように思いを伝えたり、頼ったりすることで、その部下との信頼関係はより強固になりますし、あなたがリーダーとして「どのようなマネジメント（時間や労力の使い方）

をしたいのか」を深く理解してくれます。

さらにもう一点。

「できないメンバー」に重点的に関わろうとすると、どうしてもそのメンバーは「自分がダメだから、リーダーにいつも目をつけられている」「自分の業績が悪いから、いつも怒られる」というネガティブな受け止め方をする可能性があります。

そういう印象を与えないためにも、**まずはチーム全体に対して「目指すチーム像」「リーダー像」を伝えておくこと**です。

「自分の業績さえよければいいではなく、お互いが助け合えるチームを作りたいんだ！」

「そのために、苦しんでいるメンバーがいたら、自分はリーダーとして積極的にサポート・ケアをするし、他のメンバーからのサポートもお願いしたい！」

このような意図が伝わっていれば、できないメンバーも、「自分を成長させるためにサポートしてくれているんだ、頑張ろう」と、気持ちを高めてくれます。

ぜひこの二点を忘れないでください。

14 達成するリーダーは、状況判断をして的確にメンバーと関わる！

第3章

目標設定 編

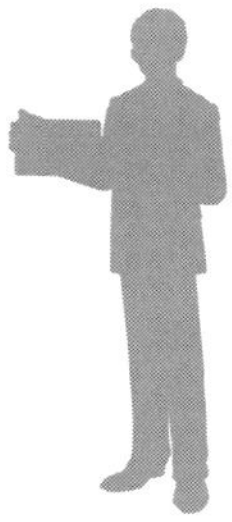

15

達成するリーダーは幅のあるマネジメントをして、達成しないリーダーは一度決めた目標にこだわる。

ほとんどの組織で、期首にリーダーとメンバーが目標面談をやると思います。「今期にはこんなことをやって欲しい」「こんな目標を達成して欲しい」ということを決定し、共有するための面談です。

まず、この段階で「今期のことだけ」に着目しているとしたら、それは問題です。今期の話をする前に「前期はどうだったのか」、もし目標を達成できたとしたら「その要因は何か」「どこがよかったのか」を振り返らなければなりません。達成できなかったのならなおさら「何が問題だったのか」「どうすれば達成できるのか」という要因分析をしなければなりません。

この分析をお互い納得のいくレベルまで振り返り、共有した上で初めて「今期はどうするのか」という話になっていくわけです。ここまでは大前提です。

そのようにして、期首に決めた目標や行動プランを徹底的にこだわるリーダーもけっこういるのですが、これにはちょっと問題があります。

どんなに要因分析をしても、この場で想定しているのはすべて「仮定」にすぎません。期が始まってみたら、取引先の担当者が変わることだってあるでしょうし、思わぬ形でライバル会社が新商品、新価格を打ち出してきて、こちらの業績がまったく上がらないということもあります。

製造や開発の現場でも、前期までとシステムが変わって、その対応とマニュアル作りに時間をとられるとか、業界のトレンドが変わり、製品の基幹部分に手を入れなければならなくなったなど、さまざまな予期せぬ事態が降りかかってくるものです。

ここでリーダーとして重要なのは、目標や行動プランに過度にこだわるのではなく、**現状に合わせ、臨機応変に、柔軟なマネジメントをすること**です。

ここで再び必須になってくるのが「プロセスの見える化と把握」です。

わかりやすい営業のケースで説明しましょう。

たとえば、すでに関係構築ができている見込み客（企業）がいて、あとは具体的な契約を進めるだけという状況があるとしましょう。この場合「どのくらいの時期に、どのくらいの数字を作れるのか」という予測が立ちます（シナリオA）。

しかし、そのクライアントの担当者が変わったとなると、予定は一気に狂ってきます。契約時期も、契約規模（数字）も不安定になりますし、そもそも契約に至るかどうかすら怪しくなります（シナリオB）。

このシナリオAとシナリオBの状況はまったく異なりますが、「まだ契約に至っていない」という意味では同じです。


この段階で、メンバーが正直なSOSを出してくれるのか、どうか？

そのプロセスをリーダーとして把握できるか、どうか？


ここが一番の分かれ目です。

もし、普段から「絶対、目標達成しろ！」「結果がすべてだからな！」と目標に対してガチガチのプレッシャーをかけているとしたら、どうでしょう。メンバーは「こんなことを言ったら、また怒られる……」「これを言ったところで『オマエが何とかしろ！』と言われるだけだ……」と思い、正直なＳＯＳなど出せるわけがありません。

もちろん、リーダーとして「目標を達成したい」という気持ちはわかります。

しかし、だからこそ客観的な事実に向き合い、その状況に応じて、ベストな方法を柔軟に考え直す必要があります。ただ単に「目標を下方修正すればいい」と言いたいわけではありません。

外部要因によって、予測よりも進捗が思わしくないのであれば、リーダー自身が前に出て行く場面が必要かもしれませんし、そのメンバーが力不足ならば、別の担当者と組ませるという方法もあり得ます。

いずれにしても、ただ「達成しろ！」「奮起しろ！」と言っているだけだとしたら、本気で目標達成にこだわっていることにはなりません。**現実にきちんと向き合い、どうやって「チームとしての目標を達成していくのか」を臨機応変に考え、実行すること。**

それが本気で目標を達成することにこだわるリーダーの姿勢です。具体的な方策については、次の項目でも紹介します。

15 達成するリーダーは、現状に合わせて、柔軟な姿勢をとる！

16

達成するリーダーは結果に結びつく行動を追いかけ、達成しないリーダーは「目標数字」に囚われる。

逆説的な言い方になりますが、チームの目標を達成できないリーダーほど「目標」「数字」「結果」というところばかりに注目しています。

一方、**目標を達成するリーダーほど「プロセス」に注目しています。**もう少し細かく紐解くならば、**「原因」や「行動」に意識を向けている**のです。

何度も述べている通り、「プロセスの見える化と把握」ができていると、「予定通りの結果が出そうだ」「大幅に遅れそうだ」「余裕がありそうだ」などの見込みを正確にキャッチすることができます。

進捗が順調なときはさほど問題になりませんが、「結果を出すのが難しそうだ」「目標が達成できなさそうだ」というときほど、このプロセスのモニタリングで大きな差が出ます。

このときまずやるべきことは、「がんばれ！」「奮起しろ！」と吠えることではなく、「なぜ、うまくいっていないのか」「原因はどこか」をとにかく探ることです。

探ってみれば、原因はいろいろあります。

・予想外のライバルの動き
・クライアント、取引先の事情
・想定よりも、本人の実力が足りない
・本人のがんばり不足

これを「結果」が出る前、すなわち「プロセス」の段階で把握し、必要であれば何からの手を打つこと。それがリーダーの仕事です。

前の項目でも述べた通り、リーダー自身が現場に出るとか、チームで知恵を出し合い戦術を補強するとか、まずは関係強化に注力するなどの手を打つ必要があります。

ただし一流のリーダーになると、さらに大局的に見て、チーム全体をマネジメントすることがあります。たとえば、「（目標達成するには）本人の実力が足りない」という状況のとき、リーダー自身が手を貸したり、優秀者の手を借りたりするのは簡単です。

でも、ときには「個人目標に達成しない」というリスクを背負ってでも、本人の成長のために、任せ続けるケースもあります。

あるいは、どんな手を打ったところで、個人として「その目標が達成できない」という状況だって起きてきます。

その場合は、個人の目標達成をある程度あきらめたり、下方修正する必要があります。

しかし、それで終わらせないのが「チームの目標を達成するリーダー」です。

チーム全体に目を向けてみれば、必ず「余裕のあるメンバー」「想定より、進捗状況のいいメンバー」がいるものです。

リーダーの多くは「目標が達成できなさそうだ……」というネガティブな状況には神経を尖らせるのですが、「達成できそうだ」というメンバーにはノータッチなときもけっこうあります。

実際には想定以上にうまくいって、余裕ができたのですから、チームの目標により貢献してもらえないか、考える余地はあります。

たとえば「目標が１００万円の売上げ」だとしたら、そのメンバーの目標を期の途中で１２０万円に上方修正したり、進捗が思わしくないメンバーのサポートに入ってもらうなどの手を打つこともできるはずです。

16 達成するリーダーは、結果に結びつく行動に意識を向けている!

営業であれ、製造であれ、システム構築であれ、目標が「10」だとしたら、必ず「8」とか「6」しか達成できないメンバーも出てきます。

もちろんそのメンバーが「10」を達成できるようにサポート、ケア、育成することは大切です。

しかし、「物事は思い通りにいかない」というのが世の常ですから、そうそういつもうまくいくわけではありません。

だからこそ、「10」という目標に対して「12」とか「13」という結果を引き出すマネジメントも、同時にしておかなければならないのです。

目標を上方修正した場合は、売上などの数値は評価に反映させやすいですが、他のメンバーのサポートなどもきちんと評価で報いることを忘れてはなりません。

一流のリーダーというのは、外部要因が目まぐるしく変化するなかでも、そうしてバランスをとってチームの目標を達成し続け、かつメンバー育成をも進めていくのです。

17 達成するリーダーは「答え」を持つも考えさせ、達成しないリーダーは「丸投げ」しているだけ。

「リーダーは自分から答えを言うのではなく、メンバーに考えさせることが大切だ！」

近年、よく聞くリーダー論ではないでしょうか？

最初に伝えておきたいのは「リーダーが答えを言うのは絶対によくない！」というわけではありません。

マネジメントにおいて大事なのは、「これがマルで、これバツ」と二者択一で考えるのではなく、必要に応じて使い分けることです。

その前提を理解した上で、ここでは「答えを言わず、メンバーに考えさせる」というコミュニケーションについて述べていきます。

私がコンサルティングや研修へ行く企業のなかにも、「私はメンバーに何も言いません。メンバー自身に考えさせていますから」と得意げに言う人はときどきいます。

そんな場面で、私が「そのメンバーが直面している課題のなかで一番重要なのは何ですか？」とか「その課題を乗り越えるために、リーダーとしてあなたは、どんな施策、プランが必要だと思ってるんですか？」と聞いてみると、「そういうこともメンバー自身に考えさせていますから」と言います。

その人の実際の現場を覗いてみると、メンバーのなかには、たしかに自分で課題を発見し、対策を考え、行動計画までしっかり立てて、実践している人もいます。

その人が「自分で考えさせてますから」と胸を張るのもわかります。

しかし、半分くらいのメンバーの計画表を見てみると、すごく薄っぺらいものになっています。能力の低いメンバーになると、原因分析も甘ければ、まともな対策や計画が立てられていない、というのが実情だったのです。

このリーダーのように「メンバー自身に考えさせる」というと言葉は美しいですが、実際には「丸投げをしているだけ」というケースもけっこう多いのです。

それでいて、結果が出なければメンバーのせいにするのは、リーダーに問題があるのではないでしょうか？

原則として、メンバーに考えさせるときも、リーダーとしての「答え」「意見」「アイデア」は持っていなければなりません。そんな「案」を自分の腹のなかに持ちつつ、どのようにメンバーとコミュニケーションをするのか、それがスタートラインです。

すでに述べた優秀者には、何も言わず任せてしまってもいいかもしれません。

しかし、「計画が薄っぺらい」「すぐに問題に直面しそうだ」「著しく実現性が低い」などの問題があるようであれば、メンバー自身に考えさせるためのさらなる質問をしたり、ヒントを与えたりしなければなりません。

ずいぶん前から、マネジメントの現場でコーチングが重要だと言われていますが、本当に目標を達成するチームを作っていくためには、リーダーがノープランでコーチングをしても決してうまくいきません。**メンバーに言う、言わないかは別にしても、必ず「あなた自身の答えや見解」を持ったうえで向き合うことが重要**です。

では、実際に部下と向き合ったとき、どんなコミュニケーションをすればいいのでしょうか。この部分について、悩んでいるリーダーは大勢います。

ここで、ぜひともオススメしたいのは、**「メンバーがうまくいかなそうな、具体的な場面を提示して、この場合はどうする?」と質問する方法**です。

そもそもリーダーはメンバー以上に経験がありますし、自分なりの意見や考え、アイデアを持ってメンバーと向き合っています。

つまり、メンバーが提示してきた目標や行動プランについて「現状分析が甘すぎる……」「計画が薄っぺらい」ということがすぐにわかりますし、その分析やプランでは「どんな問題に直面するか」が想定できるはずです。

そのときこそ、「こういうケースが起こりそうなんだけど、そのときはどうするの？」「これだと、こんな問題が別に起こってきそうだけど、どうしようか？」という質問を投げかければ、メンバーの考える視点を広げてあげることができます。

その際、持ち帰らせ、再び考えさせるのか、ちょっとしたヒントやアイデアを提示するのかなど、対応は状況によって変えていきましょう。この通り、少なくとも、リーダー自身が答えを言わず「うまくいかなそうな具体的な場面を提示する」というコミュニケーションは有効なので、ぜひともやってみてください。

これができる人こそが、「メンバー自身に考えさせられる、優れたリーダー」なのです。

17 達成するリーダーは、自分で考え、部下にも考えさせる！

18

達成するリーダーは「やるべきこと」が具体的で、達成しないリーダーは「やるべきこと」が抽象的。

チームにしろ、個人にしろ、目標というのはある程度具体的になっていると思います。

「月の売上げ100万円」「週単位で1万個の製品を出荷する」「現在進行中のプロジェクトを3か月中に終了させ、クライアントに納品する」など業種や業界の違いはあっても、目標にはそのくらいの具体性があるものです。

次に、その目標を達成するために「何をすべきか?」「何が大事か?」という話になっていくのですが、ここに具体性のないチームはけっこうあります。

「売上げ目標を達成するためには、顧客のニーズをきちんと把握することが必要だ」

「前期はクライアントとの関係が希薄だったので、関係強化に努めよう」

「製品の納期を守るためには、各部門の連携が不可欠だ」

「生産性を高めることで、よりスムーズに納品できるようにしよう」

もちろん、ここで語られていることは大事なことばかりです。

しかし、「どう行動すれば、顧客のニーズを把握し、関係強化ができるのか？」「何をすれば、生産性が高まるのか？」という各論が詰め切れないまま、日々の業務に忙殺されてしまうケースが本当に多いのです。

ある日用品メーカーの話ですが、この企業のあるチームでも「取引先のニーズを把握することが大事」「そのためには取引先が何を大事にしているかを知らなければならない」という結論に達しました。

ここまではよくある話で「相手を知る」というのは営業の基本。どんな本にでも書いてあります。

日用品メーカーの営業ですから、自分たちの商品をコンビニエンスストアで扱ってもらいたいのですが、「お願いします、お願いします」と言っているだけでは効果は出ません。

そこで、このチームはそれぞれのコンビニエンスストアが「どんな理念で、何を大事にしているのか」、それぞれの店長が「どんな思いで経営、運営をしているのか」を知るための取り組みを始めました。

このチームのリーダーがすばらしかったのは、大手コンビニエンスストアのリーダーやゾーンマネジャーを自分たちの会社に招いて、「何を大切にしているか」「今後何を充実させていきたいのか」そして「私たちに期待すること」を話してもらったところです。

その話をチームのメンバー全員が聞いて「自分たちの商品を並べてもらうだけでなく、相手のためになるにはどんな方法があるか?」「どんな工夫をすれば、お互いのメリットになるか」を一緒に考え、意見交換をする場を設けたのです。

これにより相手のニーズを正しく把握することができましたし、関係も強化され、結果として売上げもどんどん上がっていきました。

こうした**具体的な方策まで落とし込めるか、これが大きなポイント**なのです。

別のケースもあります。

ＩＴ系のシステム構築をしている会社では、エンジニアたちがものすごく一生懸命働いていたのですが、「もっといいものを作ろう」という思いが強すぎて、必要以上のクオリティを追求し、「残業時間が増えすぎている」「納期に間に合わない」などの問題が頻発していました。

もちろん会社の上層部からは「必要なレベルを正しく意識して、開発するように」というお達しが出たのですが、現場にしてみれば「具体的にどうすればいいのか」がわからないわけです。

そこであるリーダーが「完成までにかかる予想時間」と「製品クオリティ」を一覧できるシートを作り、各プロジェクトリーダーから提出させ、そのシートを使いながら進捗確認会議を週単位で行うようにしました。

もちろん、それだけで完璧に問題が解決したわけではありませんが、少なくとも「時間とクオリティ」という2つの軸で進捗を管理する意識はかなり強化されました。

各論は、リーダーの過去の経験を基に作るものではありません。今、矢面に立って活動しているメンバー同士が各論に落とし込めるよう、リーダーはリードしていきます。

ディスカッションの場を作ることがリーダーとして非常に大事です。

18 達成するリーダーは、「何をするのか」まで落とし込んでいる！

19

達成するリーダーはチーム全体のことを考え、達成しないリーダーは「個人の価値観」を尊重。

近年、個人の価値観は多様化していますし、働き方にもさまざまなスタイルが見られるようになりました。

「個人の価値を尊重しよう」というのは昨今の大きな流れの1つです。

個人の価値観が尊重され、個々の家族や生き方が大事にされるのは本当にすばらしいことです。私も自分の人生のなかで「仕事が一番」と思ったことはありません。私には大事な家族がありますし、当然メンバーたちにも、大事な家族がいたり、自分が大事にしているプライベートの生活があります。

仕事や働くというものに対する考え方もさまざまで、なかには「そんなに一生懸命仕事をしたくない」「給料が上がらなくてもいいから、テキトーに仕事をしていたい」「出世なんかどうでもいいから、とにかくラクをしたい」という人もいます。

個人の価値観はもちろん尊重してあげたいが、チームの業績責任を背負っているリーダーとしては、なかなか頭の痛い状況です。

ここで大事になってくるのがリーダーとして**「厳粛で、フェアな態度」**です。

たとえば、あなたが日本丸という船の船長で、10人の乗組員で船を漕いでいると想定してください。

乗組員のなかには船を漕ぐのを放棄したり、サボったりする人がいて、そのせいで船が沈没したとしましょう。そうしたら、船を漕ぐのをサボっていた人だけが大海原に投げ出されるのでなく、乗組員全員が路頭に迷います。そしてその乗組員全員の家族もろとも。

こうなりかねないことを考えたら、「個人の価値観を一番大事にせねば」とは考えられなくなるでしょう。

これを仕事に落とし込むと、こんなところでしょう。

もし、10のことをやってもらいたいとメンバーに仕事をお願いしたところ、ちゃんとやれば10のことすべてできるのに、5しかやってくれなかったとします。その際は厳粛にマイナス評価をするのがフェアというものです。

私がコンサルタントとして関わるとき、一番最初に拝見するのが、評価表のリーダーのフィードバックコメントです。多くの企業が「業務結果」と、業績を出すために必要な「行動評価」の両方をそれぞれにウェイトを置いて評価しています。

そのうち、「業務結果」はハッキリ数値に表れるので、客観的に評価されやすいのですが、問題は「行動評価」です。

そもそもどんなにいい行動をしても、それがすぐに業績に直結するとは限りません。リーダーがしっかりと行動を観察していない限り、適切な「行動評価」などできないのです。

たとえば、前任者の影響で業績が落ち込んでいるエリアを優秀なA営業マンに担当してもらったとしても、なかなか業績が回復しません。それでも関係が壊れていたZ社との関係を修復するところまで持っていき、後任のB営業マンにそのエリアの担当を譲ることになりました。

するとB営業マンはZ社から大口の受注をとり、たちまち大きな業績を上げたとします。

そこで、ちゃんとA営業マンの行動を評価できるか、リーダーの質が問われます。

リーダーならば、その行動をしっかりと観察し、「なかなか提案を聞いてくれないZ社の考えを把握し、関係を築いてくれて、ありがとう」といったように、具体的なフィードバックを与えられるようにしなければなりません。

また、「仕事は言われたことだけをやればいい」という考えを持つメンバーがあなたの周りにはいませんか？

もし、思いあたる節があるのなら、そのメンバーに「能力があるのにやる気がなく、言われたことしかやらないのなら、行動をしっかり見て、行動評価にマイナスをつける」と伝えましょう。そして、評価のフィードバックでなぜその評価をしたのかの理由をはっきり伝えることが大事です。期待を明確にし、このことを頑張ってみようと成長を支援する姿勢を見せて、根気よく寄り添っていきます。

私の経験上、そうして事実をもとに厳粛にそして誠実に向き合い、根気よくコミュニケーションをしていれば、「何かしら、がんばってみよう」と思ってくれる人のほうが多いです。本人だって、入社当時からやる気がなかったわけではなく、さまざまな理由、リーダーとの人間関係や辛い体験によって、やる気の根源を削がれてしまっているだけなのです。

リーダーというのは、**フェアで厳粛な態度を示すと同時に、そういった人間として「大きく受け止めてあげる」という度量もまた必要**なのです。

19 達成するリーダーは、厳粛でフェアな態度と器量を併せ持つ！

20 達成するリーダーは「目標の設定」をきちんと評価し、達成しないリーダーは結果だけを見る。

多くの組織では、いわゆる「結果評価・業績評価」というものと「プロセス評価・行動評価」という2つの評価軸が設けられていると思います。

・目標となる数字の達成度への評価が50％
・そのための行動プロセスへの評価が50％

たとえば、こういう具合です。

この場合、数値目標については上から降りてくるものです。チームとして100万円の売上げを上げるという数値目標が降りてきて、それを個々に振り分けていくという感じでしょう。

一方、プロセスに関する行動目標については、メンバー自身が目標を設定したり、リーダーと話し合いをしながら決めていくというケースが多いのではないでしょうか？

ここで「どのような行動目標」「どのレベルのプロセス目標」を立てるかというのが大きなポイントになってきます。

仮に、Ａ君というメンバーが「簡単に実践できる行動目標」を立て、それをリーダーがすんなりと了承し、その期が終了したとします。

すると、こんなことが起こってきます。

① 数字に対する目標達成は80％

② 行動に対する目標達成は１００％

結果、①と②の評価割合は50％ずつなので、Ａ君の評価は「90点」です。

一方で「なかなか実践が難しいかもしれない」というチャレンジレベルの行動目標を立ててきた部下Ｂさんが次のような結果を出したとします。

① 数字に対する目標達成は90％

② 行動に対する目標達成は70％

結果、Bさんの総合評価は「80点」となります。

これが厳粛で、フェアな評価と言えるでしょうか？

ここでまずリーダーとして考えなければならないのは、その「行動目標」「プロセス目標」は適切なのかという部分です。

もちろん、行動目標は「厳しければ、厳しいだけいい」というほど単純ではありません。できもしない行動目標を掲げ、絵に描いた餅になってしまうとしたら、それこそ意味がありませんし、それで「プロセス評価が低い」という結果では、メンバーのモチベーションも下がってしまうでしょう。

しかし一方で、**「この行動目標を達成することで、本当に数値目標は達成できるのか」ということをリーダーはシビアに考え、判断することも重要**です。

前述のA君の場合「今期の結果を出すための行動目標を100％したのに、数値目標の達成が80％にとどまった」ということは、行動目標を設定している時点で「数値目標の100％は困難」という状況になってしまっているのです。

これでは「行動目標」の設定が適切だったとは言えません。

このメンバーが上げてきた行動目標をすべて実践したとしても、「数値目標には届かない」のですが、多くの組織で見られるケースです。

それでは個人としても、チームとして数値目標が達成できるわけがありません。

リーダーというのは、ただ「数値目標を達成したか」「行動目標を達成したか」という結果だけを見るのではなく、その前の段階として「適切な目標設定がされているのか」という部分にまできちんと目を光らせなければならないのです。

これがもし、容易に達成できる「行動目標」を設定し、プロセス評価を稼ごうとしている人の集まりだとしたら、その集団は確実に衰退します。

一方で、リーダーが「厳しい数値目標と行動目標」を押しつけるだけで、多くのメンバーが疲弊してしまっているとしたら、こちらの組織の未来も暗いでしょう。

期首の段階で、どのような目標設定面談を行うか？

1人ひとりの能力を考え、適切な行動目標をアドバイスできるよう、準備して面談に臨みます。

じつは、ここにリーダーとして手腕が大きく問われているのです。

20 達成するリーダーは、目標設定が適切かをチェックする！

21 達成するリーダーは「高い目標」の背景を語れ、達成しないリーダーは「達成」しか考えない。

前の項目で「数値目標」に対する「行動目標の設定」についで話をしました。

当たり前のことながら、数値目標を達成するためには、それが達成可能な「行動目標」や「プロセス目標」を設定しなければなりません。

ただし現実には、多くのミドルマネジャーが「会社の上層部から降りてくる高い数値目標」に苦労しています。

もちろん私にも経験がありますから、その気持ちは痛いほどわかります。

往々にして会社というものは「前年比110％の目標」を達成したら、次の年も普通に「前年比110％」を求めてきます。それが「115％」「120％」になることもめずらしくありません。

それでいて人員が補強されるわけでもなく、ひどい場合には、年々マーケットの状況は厳しくなっているのに、数値目標だけが伸びているというアンマッチすら起こっています。

その状況が続いていると、高い目標を達成するために現場は疲弊し、段々と「目標は達成できなくても仕方ない……」「会社が言っているのは努力目標で、別に達成できるとは思ってない……」という空気に支配されていきます。

こうなると、本書のテーマである「目標達成をするチーム」などできるわけがありませんし、チームの雰囲気も悪くなり、会社全体が下降線をたどっていきます。

何の説明もなく、納得感もない状態で、がんばり続けられるほどタフな人などほとんどいません。

このとき、現場のリーダーたちに伝えたいのは「この目標は厳しい」「チームのメンバーたちも、きっと納得できないだろう……」と感じるのであれば、せめて上司に「なぜ、この数字が必要なのか、納得できる理由や背景を教えてください」と食い下がって欲しいということです。

ここで私が言いたいのは、上司に文句を言ったり、クレームをつけて欲しいということではありません。

むしろその反対で、リーダーであるあなた自身も、その上にいる上司にしたって「目標達成」という結果が欲しいわけです。そこでの利害は一致している仲間のはずです。

その「目標達成」を実現するからには、**あなたはリーダーとして、現場のメンバーにできる限り納得感のある説明をして、数値目標を下ろす責任があります。**

だからこそ、上司に対して「なぜ、この数字なのか?」「どういう背景や、どういう判断がなされているのか?」「上層部は何を考え、どんな危機感を抱いているのか?」などを質問して欲しいのです。

現場にとって苦しい数字であっても、上司やさらに上の幹部の人たちが「考えていること」「感じている危機感」を共有できれば、少なくとも、あなたはリーダーとしてそれをメンバーに語ることができます。

「今、会社はこんな状況にあって、こんなマーケットの状況だ。上司たちはこんなふうに考え、こんな思いで、今という状況を乗り越えようとしている。そこで、俺たちのチームにはこんなことを期待されている。だから、ちょっと苦しい部分もあるけれど、この目標に向かってがんばろう」

せめてこんなことを言えるリーダーであって欲しいのです。

また、人員が増えることなく、数値目標が上がっていくのですから、「人を育てる」という部分がより重要になってきます。

しかし、現場のリーダーであるみなさんなら知っての通り、「人が成長する」のと「業績に反映する」というのには、タイムラグがあります。そのため現状のスキルでは、数値目標を達成するのが本当に厳しいという状況もあるでしょう。

特に業績が低迷しているチームの立て直しを任された場合などは、業績を出せるチームに育てるまで一定の時間がかかります。

その場合には「今期は数値目標を達成するのは厳しいかもしれませんが、来期に達成するためにも、こういう部分に力を入れて、人を育てていきたいと思っています」ということを具体的な育成プランなどを交え、上司に伝えておく必要があります。

もちろん今期の目標を達成することは重要です。

しかし、その先のことも考えてマネジメントをして、その旨をきちんと上司に報告するという説明責任も果たすこと。

これもリーダーにとって大事な役割の１つです。

21 達成するリーダーは、降りてきた目標の背景をつかんでいる！

22 達成するリーダーはルールと主体性をうまく使い、達成しないリーダーはどちらか一方に偏る。

チームをマネジメントする際、詳細なルールや行動規範を決めて、みんなでそれを守ったほうがいいのか？

あるいは反対に、できるだけルールを押しつけず、メンバーの主体性を発揮させたほうがいいのか？

世間的にも、いろいろと議論が分かれるところです。

結論から言えば、二者択一で考えないこと。これが一番重要です。どちらのマネジメントスタイルにも長所短所があり、会社やチームが置かれている状況、事業の成熟度などによっても大きく異なってくるものです。

今、自分のチームに必要なのは「具体的なルールや基本行動を決めて、それを守り、実践していくこと」なのか、それよりも「個人の裁量に任せ、自由度を高めていくこと」なのかを見極めることが大事です。

必ずしもチーム全体で同じマネジメントをするのではなく、個人によってその度合いを変えなければならないケースもあるでしょう。

ある事務器機の営業会社の話ですが、営業パーソンは見込み客のところに「必ず週8回は訪問しなければならない」というルールが決まっていました。1、2度訪問して断られると、その見込み客のところへは行きたくないので、そうやってチャンスを逃していた人が多かったという背景があったからです。

しかし営業パーソンによっては3、4回の訪問でかなり濃密な話ができる人もいて、その人にとっては「必ず8回」というのが足かせになってしまっていたのです。

この状況でリーダーとしてやるべきことは明白で、「8回行く」というルールをきっちり守らせるメンバーと、「そんなルールは気にしなくていいから、自分のペースでやれ」と伝えた方がいいメンバーに分けて、マネジメントすることです。

とかくリーダーというのは「自分の型」「自分のスタイル」でマネジメントをしようとするものです。

まず多いのが「自分はこうやって成功してきた」という成功法則を持ち、それをチームに浸透させよう（押しつけよう）とするタイプです。このリーダーの下では「ルール」「基本行動」がはっきり明文化されていなくても、「こうするべき」「こうあるべき」という方針がガチガチになりがちです。

メンバーの行動レベルが揃いやすいというメリットはありますが、「そのリーダー以上のメンバーが育たない」という弊害が起きてきます。あるいは「リーダーの言っている通りにしておけばいいよ」という思考停止に陥るメンバーが出てきたり、「うまくいかなくても、別に俺のせいじゃないし……」という、どこまでいっても他人事のメンバーを生んでしまいがちです。

一方、「私は、メンバーの主体性に任せるんです」ということを自分のスタイルにしているリーダーもいます。

もちろん、いい面もたくさんありますが、メンバーのキャリアが浅かったり、あまり能力のないメンバーに向き合う場面でも、ひたすら「どうしたら生産性が上がるか、自分で考えてみろ」「顧客のニーズを把握する方法？　それを考えるのがオマエの仕事だろ」という感じですべて丸投げにしてしまうリーダーもよく見られます。

これは人材育成についても言えることですが、どんなケース、どんな相手に対しても、自分のマネジメントスタイルを貫くというのは、二流以下のリーダーがすることです。

自分がリーダーとして、信念や軸を持っていることは大切です。「1人ひとりが主体的に考え、自律的に行動できるチームにしたい」という思いもすばらしいです。

ただし、今、会社が置かれている状況、チームが向き合っている環境、そのメンバー個人の経験値やレベルを考えたとき、ただ「自分で考えろ！」「自律的に行動できるようになれ！」と言うだけでは、目指す効果・成果が得られないというケースもよくあります。

ある程度までは基本行動をルール化して、その先で「この部分だったら、どうする？」という感じで、メンバー自身に考える余地を与えるなど、柔軟なマネジメントスタイルが必要な場面も多いはずです。

そうやって相手や状況に応じてマネジメントスタイルを調整し、フレキシブルに変えていくことができること。

これこそがチームを目標達成に導くリーダーだと私は考えています。

22
達成するリーダーは、基本ルールを作りながらも、1人ひとりが考える余地を与える！

第4章

チームで達成するしくみ 編

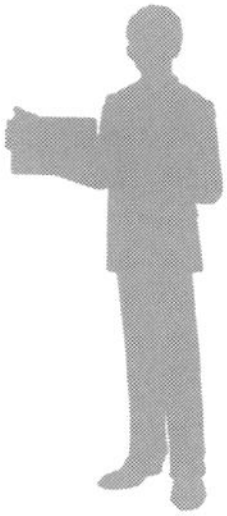

23

達成するリーダーは「協力し合えるしくみ」を作り、達成しないリーダーは「助け合おう」と言う。

継続的にチームの目標を達成するためには、メンバー同士の助け合いや協力が不可欠です。

そこで重要になってくるのが、「どうしたらメンバー同士が助け合うようになるか」という部分です。

私も多くの企業、組織で研修やセミナーをする機会があり、「助け合うことの大切さ」を語っているので、「助け合おう！」「協力しよう！」という声かけをするリーダーたちも増えてきました。

まず、これは大事なことです。リーダーがそうしたメッセージを常に発することで、メンバーの意識づけがされることも事実です。

しかし、それだけで助け合いの文化が育ち、根づくほど甘くはありません。

そこで重要なカギとなってくるのが**「具体性」**と**「しくみ」**です。

たとえば、ある自動車販売店の店長は「助け合うとはどういうことか?」「具体的に何をすればいいか?」を店舗のメンバーと話し合って決めました。

・特に売れている営業担当は日曜日に自分のお客様がたくさん来店し、対応に追われる
・その際、手の空いている人が子どもをキッズコーナーに誘導する
・試乗する場合には、別の人が車の手配をして、夏や冬ならばエアコンを入れ、販売店の入り口に回しておく

など「助け合う」という具体的な行動を決めたのです。

こうした具体行動にまで落ちていると「いつ、何をすればいいのか」が明確になります。行動を引き出し、それを文化としていくためには、このくらいの「具体性」が必要です。

さらにもう1つ航空会社の例を挙げましょう。

もともと、この組織では「○○さんに、資料作りを手伝ってもらって助かりました。ありがとうございます」「取引先とのトラブルについて対処していただき、ありがとうござ

いました」という、いわゆる「サンクスカード」のようなしくみを導入していました。「サンクスカード」（それに類するもの）を実施している組織は、けっこう多いように感じます。

ただし、この会社の取り組みは、もうひと工夫されていました。

「Aさんに、助けてもらいました。ありがとうございます」というお礼のメッセージは、それをしてくれたAさん本人はもちろん、Aさんの上司にも同時に送られるというしくみにしたのです。

まず上司はAさんに対して「○○さんのトラブル回避の手伝ってくれたんだってな。ありがとう」「あのプレゼンの資料づくりをしてあげたんだって。すごくよかったよ」などのフィードバックをすることができます。

こうして「実際にしてあげた相手」と「自分の上司」という二重のフィードバックを受ければ、それだけモチベーションが上がり、より助け合いの行動が広がっていきます。

そもそも人間の性質として「張本人から感謝される」より、第三者から感謝されたり、褒められたりするとすごく嬉しいものです。これは非常に優れたしくみだと思います。

また、しくみという話で言うなら、**「助け合うための行動」をきちんと評価してあげる**という点もとても大切です。

企業、組織によって評価制度はさまざまですから、「個人業績に直接反映しない、助け合い行動」を評価するのは難しい面もあるかもしれません。

しかし、そこは「プロセス評価」「行動評価」などをうまく活用して、チームに貢献してくれた行動をきちんと見てあげて、ぜひとも評価に反映させてあげて欲しいです。**望ましい行動には、正しく報いてあげましょう。**

やはり仕事ですから、気持ちの部分、きれい事だけでは「助け合いの文化や社風」というのは醸成されません。

そのあたりも踏まえてマネジメントするのが、優れたリーダーというものです。

23 達成するリーダーは、チームに「助け合い」を浸透させている！

24 達成するリーダーは「目指すチームの姿」を話し合い、達成しないリーダーは「目指すチーム」がない。

チームをマネジメントする際、「どんなチームを目指すのか」というのは非常に大切な要素です。

たとえば、私はこれまで現場でも「正直で、助け合うチーム」の大切さを語り続けてきました。

そもそもメンバーが正直になれなければ、「現場で起こっている真実」「何に、どう悩んでいるのか」「どこでつまづいているのか」を把握することができません。

現場の真実を把握できなければ、リーダーとして適切に対処したり、決断することさえできないので、結果として成果も出ません。

そのくらい「正直さ」というのは健全な組織を作るうえで不可欠な要素なのです。

また、世の中は変化に富んでいますから、1人の優秀者の業績に頼るのは危険です。継続的に目標を達成することはできません。

やはり、みんなが自分の強みを発揮すること、苦手な部分は他のメンバーがサポートするなど、チームとして戦わなければ、継続的に好業績を生み出すことは困難です。そのためにも「助け合い」が不可欠なのです。

だから私は「目指すチームの姿」として「正直で、助け合えるチーム」ということを掲げてきたのです。

さて、あなたはリーダーとして「自分が目指すチームの姿」を語ることができるでしょうか？

こんな質問をすると、「常に目標を達成するチーム」と答える人がいるのですが、肝心なのは「目標を達成する」ために、あなたは自分のチームがどんな状態になり、どんな姿になることを目指しているのか、という部分です。

それを自分の言葉で語れない人は、ぜひ一度、じっくりと考えてみてください。

もちろん、「自分が目指すチームの姿」をメンバーに語ることは大切なのですが、ここで注意して欲しいのは、自分の考えや価値観を押しつけないことです。

私はいろんな組織で、さまざまなリーダーたちを見てきたのですが、強いリーダーシップを発揮できる人ほど「俺は、こうしたいんだ！」「こういうチームにするんだ！」というメッセージを発します。

それ自体は決して悪くないのですが、その結果、チームのメンバーが思考停止に陥り「リーダーの言うことに従っておけばいい」というマインドになるケースもけっこうあります。

だから、「自分が目指すチームの姿」を先に言うのか、後に言うのかという選択肢はあるにせよ、「みんなはどんなチームにしたいと思っているのか」ということをメンバーに問いかけ、じっくり話し合って欲しいのです。

そうやって、みんなで「目指すチームの姿」を決めて、共有します。

ぜひ、これは実践してみてください。この**「目指す姿」が共有できているかどうかで、そのチームの強さが決定的に違ってきます。**

そしてもう1つ「目指すチームの姿」を考えるうえで重要なことがあります。

それは「会社がどこへ向かっているのか」という部分です。

どんなリーダー、チームにせよ、会社という組織に属している以上、何の制約もなく、自由に「目指す姿」を設定していいわけではありません。

会社には、社是・社訓、理念、ミッション、行動規範、ウェイなどがあるでしょう。

実際、研修などで企業に訪れた際、「御社の理念・ミッションを教えてください」と管理職たちに聞くと、すぐに答えられない人が大勢います。「会社がどちらを向いているのか」「会社として何を大事にしているのか」は大前提として理解しておくべきです。

そして大事なのはその先で、**会社が目指すべき方向、果たすべきミッションを実現するために「自分たちの組織、チームとして何をすべきか」ということをメンバーと一緒に考えて欲しい**のです。

たとえば、企業理念には「顧客に誠実に向き合う！」「社員の幸せを実現する」などの言葉が並んでいると思います。

そこで、日々、自分たちが行っている業務のなかで「顧客に誠実である」とはどういうことか。「社員の幸せを実現する」ために、やるべきこととは何かなどとブレイクダウンして考え、チームとして「向かうべき方向」「やるべきこと」を決めていくことが大事なのです。

24

達成するリーダーは、「チームが目指すべき姿」の共有ができている！

25 達成するリーダーは「かけ算」で考え、達成しないリーダーは「足し算」で考える。

今、あなたのチームに「10」という力を持ったメンバーAさんと、「7」のBくん、「3」のCさんがいるとします。するとチームの総力はいくつでしょうか?

単純に足し算をすると「10＋7＋3」で総力は「20」になります。

Cさんは能力が「3」と低いので、リーダーとしてはCさんの育成に力を注ぎ、できるだけ「4」とか「5」に引き上げようとします。

リーダーとしてよくあるアプローチですし、もちろん大事なことです。

しかし、目標を達成し続けるリーダーというのは、チームの総力を足し算ではなく、常にかけ算で考えていくものです。

3人のメンバーが相互に関係することで「1＋1」を「2」以上にすることを考える、それがポイントです。

たとえば、Cさんを育成する場合でも、リーダー1人がCさんを育てるのではなく「A・

B・C」の3人が話し合って「どうしたらCさんの業績が上がるか」「Cさんがスキルアップするか」ということを考えたら、いろんな考え方、仕事の進め方、もろもろのアイデアが出てくるでしょう。当然なかには「Aさんの話を聞いて、B君のレベルが上がる」ということもあるでしょう。あるいは、「Cさんを教えることで、Aさんのスキルが向上する」という副次的な効果も十分期待できます。

これがまさに「かけ算の発想」。

このように「1対1の関係」を超えて、相乗効果を高めていくというのは、チームマネジメントにとって非常に大事な部分です。

別のケースを考えてみましょう。

チームのなかで「いかにして生産性を高めるか」とか「これまでミスが多く出ているが、いかにしてチームとして減らしていくか」などのミーティングをすることがあるでしょう。こうしたチームミーティングの場合、どうしても優秀なメンバー、アイデアフルなメンバーが積極的に発言して、ミーティングをリードしていきます。

それ自体は何の問題もありません。

しかし、ここでリーダーとして見逃してはいけないのが、アイデアフルな意見を述べるわけではないが、**人の意見に対して「それはいいね！」とか「すごいよそれ！」というポジティブな反応しているメンバーの存在です。この貢献に気づくことが大事です。**

仮にCさんが、みんなの意見に対し肯定的、賞賛的なリアクションをとっているとしたらどうでしょうか？

たしかにCさんは、1人だけでは生産性を高める施策や、ミスを減らすアイデアを生み出しているわけではありません。

しかし、ミーティングにCさんが入っていることによって、AさんやB君はより優れたアイデアを出したり、深く考えたりできるようになります。

リーダーは、そんなCさんの「隠れた貢献」をきちんと認めてあげることも大事です。

事実、私はCさんのようなタイプには「Cさんが喜んでくれるから、みんながよく考えるようになって、どんどんいい意見が飛び交うようになったよ。ありがとう」「Cさんがいると、どんな意見でも受け入れてくれるという雰囲気ができるから、みんな本音で話せるようになったよ。それって本当にすごいことだよ」と何度となく褒めてきました。

本当にそう思ったから、チームに対してそう言っていただけなのですが、このCさんの存在によって、**チームの総力が「かけ算的にアップ」していることは明らか**です。

ここで、実際、私が勤めていたときの話を紹介しましょう。

メンバーが皆帰ったあと、倉庫にうっすら明かりがついているのを発見してのぞいてみたところ、普段無口なS君がPOPなどのゴミの分別を黙々と1人でやっていたのです。私はその姿を見て思わず涙を流しました。紳士淑女とは誰も見ていないところでなすべきことをなせる人、S君がまさにそうでした。

翌朝、朝のミーティングでチームメンバーに昨夜の出来事を話しました。メンバー全員がS君に「ありがとう」と心からの感謝の言葉を伝えているのを見て、嬉しく感じました。この日を境に、チームの雰囲気がさらによくなったのを覚えています。

チームのなかには、こうした陰で支えてくれるメンバーが必ずいるものです。

その貢献を認め、褒め、みんなに紹介することで、チームとしての「かけ算」はより効果を発揮していくものです。

25
達成するリーダーは、相乗効果で成長を促す！

26

達成するリーダーは「生産性向上」のタイムラグを理解し、達成しないリーダーは残業0、業績UPを狙う。

近年「働き方改革」という旗印の下、残業時間に厳しくなっている企業は多いと思います。

たしかに、残業を減らすことは大切です。

しかし、多くのミドルマネジャーにしてみれば「仕事が減るわけでも、人員が増えるわけでもないのに、業績は今まで通り（あるいは今まで以上）を求められながら、残業を減らすなんて……」と苦しい状況に追い込まれている人も多いようです。

そのための「生産性向上が必要だ」という理屈ですが、これが容易ではありません。

たとえば、チームのメンバーが本当に夜の9時、10時になるまで働いて、なんとか個人とチームの目標を達成しているという職場の場合、生産性向上の取り組みはなかなかうまくいきません。

もちろん、こういう職場にこそ生産性向上のアイデア出しや、業務改善や業務の見直しが必要なのですが、そもそも毎日、9時、10時まで必死で働いているのですから、それを生み出す時間的余裕も、精神的・肉体的余裕もありません。

そんな状況にありながら、「とにかく、残業を減らさなきゃいけないから、みんな7時に帰れ！」「でも、業績は落とすなよ！」とリーダーが吠えていたらどうでしょうか？

結果として、毎朝早く来て、残業がつかないような仕事のやり方をしてみたり、会社の外に仕事を持ち出して、近くのカフェで2時間働くなんて形になってしまうのです。

こんなやり方で残業を減らし、業績を維持したところで、何の意味があるでしょうか？こんなものは生産性向上でも何でもありません。

ここからは「目標を達成するリーダー」という本書のテーマには一見そぐわないかもしれませんが、非常に大事なことなので、述べておきたいと思います。

チームのメンバーが本当に全力を尽くしているのに、9時、10時まで働くのが常態化している組織の場合、「時間短縮」と「業績維持」という双方をタイムラグもなく、同時に実現することはほぼ不可能です。少なくとも現実的ではありません。

そこでリーダーとしては、一旦は業績が落ちることを覚悟してでも、メンバーを定時に帰し、時間的、精神的、肉体的余裕を生み出すことから始めなければなりません。

もちろん、チームの目標である「10」を「8」しか達成できないのですから、リーダーとしての評価は下がりますし、それに付随するメンバーの個人評価も下がります。賞与が下がるなどの問題も起きてくるでしょう。

そのことはきちんとメンバーに説明しなければなりませんが、このまま無茶な働き方を続けても、メンバーが体調を崩したり、メンタル不調を訴えたり、結果退職してしまうなど、チームにとっても個人にとってもいい結果にはなりません。

そもそも生産性向上を実現するには、「取り組むための余裕（時間的、精神的、肉体的）」が必要ですし、その取り組みを実施してから成果が出るまで、タイムラグは起こります。目の前の短期的な目標達成だけでなく、その先の持続可能なチームマネジメントを考えるなら、**一時的なリスクを背負ってでも、真の生産性向上を目指さなければならない場面は必ずあります。ときに、リーダーにはその覚悟が問われる**のです。

全国高校女子駅伝に出場した娘から、日本一をとった神戸の須磨高校の監督が生徒に言っていた言葉を教えてもらいました。

「日本一をとらしてやる。しかし今はそれ以上速く走るな。身体ができていないのにそれ以上速く走ると君達の身体が壊れる。スピードを落とせ。君達には将来がある」

生徒の将来を考えて今のベストを尽くすという監督の生徒への向き合い方に感動しました。

具体的な方法論の話をするなら、いきなり「生産性を高めるためにはどうしたらいいか？」という大上段に構えるのではなく、まずは**「みんなが1時間早く帰るために、どうしたらいいか？」というワークショップを立ち上げること**をおすすめします。「1時間早く帰る」くらいのほうが、現実的で、みんなからいろんなアイデアが出やすいものです。

これは私がJTのリーダー、マネジャー時代にやっていたことで、このお題をみんなで考えていくと、「必要な仕事」「不要な仕事」の棚卸しも進みますし、メンバーのなかでの役割分担、強みを発揮できるような仕事配分などの見直しにもなります。

覚悟を持って余裕を作り、みんなで「1時間早く帰れる方法」を考える、そんな取り組みから始めてみるのはいかがでしょうか？

リーダーの覚悟が本物ならば、メンバーの動きは確実に変わってきます。

26 達成するリーダーは、メンバーにも生産性向上に目を向けさせる！

27 達成するリーダーは会社全体のことも考え、達成しないリーダーは自分のチームのことだけ。

リーダーがどのくらいの視座の高さで、何を意識して仕事をしているか?

これは非常に重要なポイントです。

たとえば、あなたが営業チームを率いているリーダーだとしましょう。当然、チームの目標もあり、個人の目標もあります。

すると、たいていのリーダーは自分のチームの目標達成ばかりを考えてしまいがちです。

しかし、営業チームというのは、そのチーム単体ですべてが成り立っているわけではありません。

営業に必要なツールや資料を作ってくれている部門もあれば、その根本となる戦略策定のチームもあるかもしれません。あるいは、営業で使う経費を管理したり、整理してくれる経理部門があり、人材育成に関しては人事部とも連携が必要です。

優れたリーダーになればなるほど、自分のチームのことだけでなく、もう一段高い視座に立って、他チームや他部署のことも考えて行動しているものです。

たとえば、営業にとって経費や伝票の処理というのは面倒なので、つい貯めてしまったり、自分たちの都合のいい方法でやらせて欲しいと思うもの。

しかし、経理には経理の立場や事情があって、彼ら、彼女らにも「やりやすい方法」というのが別に存在しているわけです。

ここで優れたリーダーというのは、**自分たちの部署だけでなく、全体として「最適な方法は何か」を考えることができます。**

私は本書で「助け合うことの大切さ」を何度も語っていますが、これは何もチーム内に限った話ではありません。他部署とだって助け合うことは大切ですし、視座がさらに高くなれば、取引先やお客様とだって、助け合うことでより大きな成果を生み出すことが可能になります。

ある大手研修会社に勤務するリーダーの話を紹介しましょう。この会社ではいろんな種類の研修プログラムを扱っているので、営業チームは「プログラムごと」に分かれています。

採用に関するコンサルティングサポートをしている営業部門もあれば、新人研修、マネジメント研修をさまざまな企業に営業している部隊もあります。あるいは、仕事効率化プログラム、経営戦略策定など、いろんな分野でそれぞれ活躍しているわけです。

個々の営業パーソンにしてみれば、見込み先企業へ行った際、自分が担当しているものが先方の課題や悩みに合っていれば、スムーズに話が進むのですが、いつもそううまくマッチングするわけではありません。

自分は新人研修の担当なのに、相手から「うちは今、生産性向上をしたいから、全体のオペレーション改善が喫緊の課題なんですよ」など、自分の担当とはまったく違う話をされることも多々あります。

そこで、ある営業チームのリーダーがこんなことをメンバーに発信しました。

「お客様企業からの声は、どんな内容でもいいから、とにかくていねいにヒアリングしてこよう。ウチの部門にとってジャンル外だったとしても、きっちりヒアリングして、その内容をウチできちんと整理して、他の部門につなぐようにしよう」

そんな取り組みを、このリーダーの一声で始めたのです。

正直言って、そんな取り組みをしても、個人やチームの業績にはなりません。

しかし、その取り組みを実施したことで、他部門の営業効率は飛躍的に向上し、会社の利益率も上がりました。それだけでなく、同じ取り組みを他部門でも行われるようになり、結果として、自分たちの業績も上がったのです。

まさに部門を越えた「助け合い」が実現し、全体最適の輪が広がっていった好例です。

このきっかけを作ったのは、1人のリーダーの「視座の高さ」です。

チームの目標を継続的に達成するのはもちろん、業務改善にしろ、生産性向上にしろ「自分のチームのことだけ」を考えているようでは、得られる効果は知れています。

「製造と営業」「企画・開発とマーケティング部」などが対立構造にある組織もよく見かけますが、本質的に考えれば、みんな同じ方向に向かって懸命に仕事をしているのです。

このような状況にこそ、高い視座を持ったリーダーシップが求められます。私達の成果は組織の外、マーケットにあります。

ぜひ、あなた自身がそんな高い視座を持ち、お客様の満足向上に全体最適を牽引するリーダーになって欲しいと思います。

27 達成するリーダーは、視座が高く、全体最適を考える！

28

達成するリーダーは日報からメッセージを読みとり、達成しないリーダーは「ただの報告」にすぎない。

たしかに、リーダーがメンバーを日々ていねいに観察することは大事です。

しかし、全員のメンバーにくまなく目を届かせるのは難しいと感じている人もいるでしょう。そんな人はメンバーの日報というものに、とても重要な意味があると認識しましょう。

とはいえ、残念なことに、この日報が形骸化している組織がたくさんあります。

「一応、決まりだから書く」という感じで、メンバーはやらされ感満載。毎日似たようなことを書いて、リーダーも「まあ、決まりだから……」という感じで日報を書かせているところも多いのではないでしょうか。

はっきり言って、そのくらいの価値しかないなら、辞めたほうがお互いのためです。そのほうが生産性も上がります。

しかし、私は日報を上手に活用することで、より質の高いマネジメントは可能になると考えています。

まず、リーダーとして「日報から何を読みとるのか」を考えてみましょう。

私が実際に意識していたのは「目的」「事実」「考え」の3つ。

たとえば、次のような内容が日報に書かれていたとします。

・今日は○○というクライアント先へ行って、新商品の提案をした。「検討する」という返事をもらう

この文面から「クライアント先へ行ったこと」「新商品の提案をしたこと」「検討すると言われた」という事実はわかります。

しかし、私としては「どんな目的で、そのクライアントに訪問し、新商品の提案をしたのか」という目的の部分を知りたいわけです。単に「それがルールだから……」という理由だとしたら、目的があいまいすぎて、成果につながる可能性は低いでしょう。

つまり、この日報からは「メンバーの目的や考え」が読みとれないのです。

そこで、このような日報が出てくれれば、私は本人のところへ行って「クライアントの品

揃え方針や解決したい課題は何？」「今日、クライアントを訪問した一番大切な目的は何だったの？」「新商品は、クライアントの品揃え方針にフィットしていたの？」などの話を聞きに行きます。

そして「検討する」という返事を受けたのなら、「これからどうするつもりなのか？」ということも同時に質問するでしょう。

それだけ私が質問をしたくなるということは、初めから、そうした内容を日報に書いてくれれば、お互いの時間が短縮できます。

どうせ**日報を書かせるなら、そうした目的をきちんと伝え、それに即した指導が必要**なのです。たとえば、次の日報はどうでしょうか。

・以前、○○というクライアントにヒアリング
・その際に○○という課題を聞いているので、その解決策として新商品を提案に行く
・「検討する」という返事
・前向きな印象を受けたので、契約につなげるため、「契約に対する障害」になりそうな課題○○も検討して、来週もう一度訪問予定

こんなふうに思考が明らかになるように書いてあれば、そのメンバーが「どんな目的で訪問しているのか」（目的）、「実際に、どんな反応があったのか」（事実）、「今後、どのように行動するつもりなのか」（考え）がわかります。

もちろん、最初からうまくはいきませんが、メンバーと直接コミュニケーションをするなかで、こうした**日報を書けるように指導していくと、リーダーとしての日々のコミュニケーションの質も上がります。**

日報を見るだけで「A君はしっかり考えているし、その考えの方向も間違ってない。だから、任せたままで大丈夫だ」とか、「Bさんは一生懸命やっているのはわかるが、ちょっと現状認識が甘くて、目的意識が希薄だ。アドバイスを与えたほうがいいかな」などと感じることができるようになります。

つまり、それだけリーダーの時間と労力を適切に配分できるようになるのです。

「たかが日報」と軽視している人も多いかもしれませんが、同じやるなら、きちんとした目的を持ち、効果のあるしくみにしていくことがとても大切です。

28 達成するリーダーは、日報からメッセージを受けとる！

29

達成するリーダーは「縁の下の力持ち」を評価し、達成しないリーダーは「表の功労者」だけ評価。

リーダーが誰を、どんなふうに評価するのか?

マネジメントにおいて、とても大事な部分です。

たとえば、リーダーがチームの業績に直接的な貢献をしているAさんばかりを称賛していたら、他のメンバーは「うちの上司は、個人業績を叩き出して、チーム成績に貢献する人を認めるんだな」と思うでしょう。当然の話です。

もちろん、個人の業績を上げている人を褒めることも大事です。

しかし、チームのなかには、その個人の業績を上げるために、バックヤードとして支えてくれている人もいますし、後輩の面倒をよく見たり、ていねいに育成してくれている人もいます。もっと言えば、毎日事務所の掃除をしてくれて、みんなが働きやすい環境を作ってくれている人もいます。

娘が全国高校女子駅伝に出場したときの話です。1年生の選手が本番前にトイレに行きたくなったとき、3年生の先輩がなるべく早くトイレに行かせてあげようと、トイレの長蛇の列に並んでいました。その姿を見て、支えてくれる人のありがたさを感じました。

個人であれ、チームであれ、業績というのはそういったいろんな役割を担ってくれている人がいて、初めて成り立つものです。

そこをきちんと認め、「縁の下の力持ち」の活躍をみんなに紹介することもリーダーとして大事な役割だと私は考えています。

その際のポイントは「○○さんが、こんな活躍をしてくれてスゴイんだぞ！」とみんなに言うのではなく、**あくまでも「自分が感謝している」というスタンスをとること。**

「Bさんが作ってくれた営業資料が本当にすばらしい出来で、営業として助かっているよ。本当にいつもありがとうね」「Cさんが毎朝掃除をしてくれているおかげで、すごく気持ちよく仕事ができるよ。ありがとうね」と、自分の感謝として伝えましょう。

そういう姿勢をリーダーが見せていると、陰でがんばっているBさんやCさんのモチベーションも保たれますし、目立つ業績を上げているメンバーも「そうか。こういう人たちのおかげで、自分もがんばれているんだ」と気づくことができます。

チームとしての助け合いというのは、ちょっとしたところがとても大事なのです。

以前、ある鉄道会社で講演をしたことがあるのですが、そのときに経営サイドから受けたオファーは「普段、ツルハシを持って現場で働いている職員が、お客様を意識して働けるような、そんな講演をして欲しい」というものでした。

なかなか難しい依頼だと最初は頭を抱えていたのですが、職員の方たちに話によると、鉄道の利用者からいろんな感謝の手紙が届いていたそうです。

「震災が起こったとき、夜を徹して作業をしてくれたおかげで、鉄道が復旧し、安否を気づかう家族のもとに早く帰ることができました。ありがとうございます」

こういった感謝の思いがたくさん利用者から寄せられているのです。

そこで私が「その感謝の手紙を、現場で働くみなさんに読ませたり、聞かせたりしたことはあるんですか?」と聞いてみたら、一度もないと言う返事。

「それはもったいない」ということで、私は自分の講演のなかで、その感謝の手紙を紹介することにしました。

私は普段、お客様からは見えないところで必死にがんばっている彼らの仕事が、どんなふうにお客様に届き、お客様が何を思っているのかを伝えただけです。

正直言って、それだけで十分でした。鉄道関係者に限らず、世の中には「お客様の反応」

に直接触れることができない仕事をしている人は大勢います。

ＩＴ系のシステム開発をしている会社でも、最終的に納品し、お客様の反応を見るのは営業担当の場合が多いですし、営業のためのサポート資料を作っている人がお客様と向き合うことはありません。

製造メーカーで働く人のほとんどは、商品を買っているお客様と触れ合う機会は少ないでしょう。

以前、ある居酒屋で「この日本酒、すごくおいしいね」と店主に言ったら、その店主が「ぜひ、その喜んでいる顔を写真に撮らせてください」と返答が来たので、理由を聞いてみたら、「お酒を造っている酒蔵の人に写真を送りたいから」とのこと。

そんな店主の気遣いによって、酒蔵の人たちがどれだけ勇気づけられるか、私は感動してしまいました。その店主の姿勢から学ぶべき点は多いはずです。

「縁の下の力持ち」として活躍してくれている人たちの仕事が、どんなふうに人に届き、喜ばれているか。それを伝えるのも、リーダーとしての大事な役割だと私は思っています。

29 達成するリーダーは、「縁の下の力持ち」の活躍をきっちり評価する！

30

達成するリーダーは「チェック項目」を育成に役立て、達成しないリーダーは評価のために使う。

どんな組織にも、何かしらのチェック項目があると思います。

会社が設定したチェック項目も当然あるでしょうし、優れたチームなら自分たちで「基本行動」のようなものを作り、それをチェック項目として「できているか、できていないか」を確認しているところもあるでしょう。

まず、「チームとして、こういう行動が大切だ」「こういう行動ができるようになろう」と具体的に決まっていることが大事です。

かつて私はある部門のリーダーとして赴任したときに、メンバーにこんな質問を投げかけました。

「これから評価をする上で、とにかく結果だけを見て欲しい。結果一本で勝負したいというなら、そういう評価をすることもできる。あるいは、結果だけでなく『こんなことをがんばっている』『こんなことに取り組んでいる』というプロセスも評価に加えて欲しいというのなら、そういうこともできる。どちらがいいか正直に教えて欲しい」

そう尋ねてみたら、メンバー全員が「プロセスも評価して欲しい」という方に手を挙げました。

そこで私は「それでは、そのプロセス、行動の項目について私が勝手に『こういう行動を評価する』『こういうプロセス行動は高く認める』と決めてしまうのと、自分たちで『こういう行動を認めて欲しい』『こういう部分をもっと見て欲しい』ということを話し合って決めるのと、どっちがいい？」と尋ねたのです。

これもまた全員一致で「自分たちで話し合って決めたい」ということだったので、「大事にすべき基本行動」「プロセス」の部分を話し合って決めることになりました。

みんなで話し合って決めたことで、やらされ感ではなく、本気で行動してくれるようになっていきました。

さて、私は「チェック」という言葉はあまり好きではありませんが、組織には「具体的なチェック項目」は必要です。ただし、この「項目」をどのように使うのか、ここがリーダーの腕の見せ所です。

自分たちで決めたチェック項目にせよ、会社から降りてきている項目にせよ、リーダーというのはつい「評価のため」にこれを使ってしまいます。

私の同僚にもいわゆる「チェック魔」のリーダーがいましたが、評価のためにチェック項目を使うと、メンバーはどんどん真実を隠すようになります。

「○○という行動ができていますか？」という問いかけに対して、「リーダーに評価される」「これによって給与、賞与が決まる」となれば、多少できていなくても「できている」とマルをしたくなりますし、リーダーの前では「できているフリ」をするようになります。

メンバーの心理としては当然です。

しかし、そんな「チェック魔のリーダー」と「できているフリをするメンバー」が集まっているチームがつねに、目標達成などできるわけがありません。真の問題は闇に隠れてしまいますし、実のある育成ができないのですから、当然の帰結です。

リーダーはチェック項目を評価のために使ってはいけないと心得ておきましょう。

一方、私が見てきた優れたリーダーほど、チェック項目を日々の育成のために使っていました。

「〇〇ができていない」というメンバーがいれば、「どうしてできないのか？」「どうすればできるようになるのか？」ということを一緒に考え、ときに他のメンバーを交えて、それができるように徹底的にケアし、サポートします。

そうやって**「日々の育成」のためにチェック項目を使い、できるだけ「できないことをできるように」してやることがリーダーの仕事です。**

そういう意識のリーダーがいれば、当然、部下だって正直に申告するように（徐々にではありますが）なっていきます。

メンバーの正直な申告ほど、現場の真実を把握できるものはありませんし、メンバーが自分が克服したい課題に正直に向き合ってくれれば、それだけ成長の可能性は高まります。

そんな「メンバーの正直な申告」を引き出すためにも、リーダーとしては「評価のため」にチェック項目を使うのではなく、あくまでも「育成のために使う」という姿勢を大事にして欲しいのです。

30 達成するリーダーは、チェック項目をメンバーのサポートに使う！

31

達成するリーダーはまず「正直さ」を褒め、達成しないリーダーは「適切か」しか見ない。

チームとして目標を達成し続けるには「メンバーの正直な申告」というのは非常に大切です。

・「正直な申告」があるから、メンバーを適切に育成することができる
・「正直な申告」があるから、現場の真実がわかり、適切な指示を出したり、対処をすることができる

反対に、メンバーの正直な申告がなければ、いかにリーダーが優秀でも適切な対処ができず、業績を上げることはできません。またメンバーが育たず、チームとしての目標を継続的に達成することもできなくなります。

それくらい「正直な申告」というのはマネジメントにとって重要な要素なのです。

そこで大事になってくるのが**「メンバーの正直な申告をまず褒める」**というコミュニケーションです。

たとえば、1日に「10」の仕事を進めなければならないところを「7」しかできなかったとします。

一般的なメンバーの発想として「ここはリーダーに隠しておいて、明日また挽回しよう」と考えることもできるわけです。あるいは、「7しかできなかったこと」は正直に報告するとしても、「明日は13をやれるので、挽回可能です」と嘘の（あいまいな）見通しを伝えるというパターンもよくあるでしょう。

リーダーに叱られたくないと思っていますし、自分が無能だと思われたくない、そんな心理が働くのですから、当然と言えば当然です。

そのくらいメンバーはなかなか正直になってくれないのです。

だからこそ、メンバーが正直に申告してくれたときには「正直に教えてくれてありがとな。現場のことが把握できて、オレも助かったよ」とまずその正直なコミュニケーションを褒めて欲しいのです。

もちろん「基本行動ができていない」「1日のノルマを達成できていない」という事実

そのものは評価できません。しかし、**自分がリーダーとして「正直な申告をしてくれることを、いかに大事に思っているか」というメッセージはきちんと発しておくべき**です。

誤解のないように言っておきますが、「正直な申告をすればそれで万事ＯＫ」と言っているのではありません。

「できていないこと」は「できていないこと」として、「どうしてできなかったのか？」「どうしたらできるようになるのか？」をきちんと掘り下げなければなりませんし、本人の怠慢によってできていないのであれば、ときには叱ることも必要かもしれません。

ただし、「できていないこと」をただ叱り飛ばすようなコミュニケーションをしていると、メンバーは真実を隠すようになります。

世の中に問題のない組織はありません。つまり、それ自体は本当の問題ではありません。**一番の問題は闇に隠れてしまうこと。これが本当の問題なのです。**そのことを踏まえ、メンバーに正直さを求めるならば、リーダー自身も自分に不都合なことでも隠さず、自分の上司に伝える必要があります。

そしてもう１つ。メンバーから正直な申告を引き出すには、「この人にごまかしは効かない」と思わせることも重要です。

たとえば、「顧客の課題をヒアリングしてから、提案に入る」という営業としての基本行動がある場合、多くのリーダーは「課題のヒアリングはしっかりしたのか?」と問いかけるでしょう。すると、たいていのメンバーは「はい。しました」と答えて、終わりです。

その際、「ちょっと怪しいな……」「ホントかな?」と感じたときは「じゃあ、その顧客の一番の課題を教えてくれないか?」ともう一段踏み込んで聞いてみます。あるいは「その課題をもとに、どんな提案をするのか営業現場に同席させてくれないか」と言うこともときには必要です。

ただ、こうしたコミュニケーションを「ここぞ!」というときにしていると、メンバーは「この人にはごまかしが効かない」と思うようになります。

何も叱り飛ばさなくても、リーダーが嗅覚を働かせ、上手な問いかけをしていれば、いい意味での緊張感をメンバーに持たせることはできます。

こうした事実に基づくコミュニケーションによって、チームに「正直さ」が根づいていくのです。

31 達成するリーダーは、問題を闇に隠さない!

32 達成するリーダーはメンバーにも責任の一端を負わせ、達成しないリーダーは「俺が責任をとる」と言う。

20年前、日本の「四大証券」の一角だった山一証券が破たんしました。

テレビ画面からは「私ら（経営幹部）が悪いんであって、社員は悪くありません」と号泣しながら謝罪する、野澤正平社長（当時）の衝撃的な姿が流れてきました。

ちょうどその頃、私はと言えば、業績が低迷していた組織を次々と立て直し、まさに自信を得ていたときでしたので、「責任は私がとるから思い切ってやれ！」とメンバーに檄を飛ばしていました。

それから13年後、元山一証券の中間管理職をしていた人と会食をする機会がありました。

当時のことを振り返りながら、彼はこんなことを語り始めました。

「自分が勤めている会社が破たんしたんだということは、テレビのニュースで初めて知りました。前もって知っていた人は社長以下ほんの数名、多分4、5人の重役しか知らなかったと思います。経営幹部は『私らが悪いんで、社員は悪くありません』と言っていましたが、現実には、責任があるはずの経営幹部が社員を救ってくれることはありませんでした。そんなことは不可能でしたから。

多くの社員が山一証券のバッジを外された後、転職もうまくいかず『家族の生活を支えなくては……』という大黒柱の責任を抱えながらも路頭に迷い、想像以上の苦労をしていくことになりました。事実、私もそうでした。

山一証券から出た退職金は数万円。ほんとに金一封みたいな3、4万円くらいでした。数千万円の退職金をあてにしていた住宅ローンは支払えなくなり、泣く泣く住み慣れたわが家を手放し、家賃の安いアパートに引っ越さざるを得なくなった社員もたくさんいます。

自分の人生設計が破たんした思いでした——」

しみじみ語るその言葉を聞いて、私ははっとしました。

「全責任は私がとるから好きなようにやれ」

かつて私が発していたその言葉は真実だったのだろうか……。

本書でも「言行一致の大切さ」を述べましたが、はたして、私は「自分の言ったこと」

を実行に移せたかというと、残念ながら無理だったと思います。

ビジネススクールの講義や研修などで、私はこう問いかけます。

「みなさんの会社は何年先まで安泰だと言えますか？　10年先まで安泰だと思う人は手を挙げてください」

すると、1人も手が挙がらないのです。

入社したての新入社員はこれから何十年もの長きにわたり、会社で人生の多くを過ごします。そして家庭を待てば、家庭を支える大切な経済基盤である給料を、会社から得て暮らしを立てていきます。

その会社が倒産すれば、自分の家族が路頭に迷います。

そうならないためにも、まずは誰のためでもない、自分のために（自分の家族のために）、責任をもって自分の使命、職責を果たさなければなりません。

しかし、そこで思考停止にならないでください。自分だけが与えられた業績目標を達成すれば、他の社員が目標を達成できなくても会社は安泰でしょうか?

それはあり得ません。みんなが業績目標を達成できるよう、人を育てることが必要です。

「自分さえよければいい」でなく、メンバーが互いに協力し合ってチームで目標を達成し続けることが大切です。

そんなチームになるために、まずはリーダーであるあなたが、健全な危機感を持ち、その危機を乗り越えていくための具体的な方策をメンバーとともに考え、ともに行動していくこと。

もちろん、リーダー自身がリーダーとしての責任を持つことは大切です。

しかし同時に、メンバー1人ひとりも責任を背負い、自分に課せられた仕事をする、ぜひ、そんなチーム作りを目指してください。

32 達成するリーダーは、メンバーに責任を上手に負わせる!

33

達成するリーダーはメンバーとのやりとりを記録し、達成しないリーダーはやりとりに終始する。

メンバーとのやりとりをどれだけ記録に残しているか？

じつは、これはマネジメントや育成において非常に大事な要素です。

いろんな企業に研修へ行った際、私はよくこんな質問をします。

「メンバーの誰から、いつ、どんな相談を受けたか覚えていますか？」

「そこでどんなやりとりをして、どんなアドバイスをしたか覚えていますか？」

「そのやりとりを通じて、具体的に『何をがんばる』と言ったか覚えていますか？」

これで会場はざわざわし始めるのですが、実際に挙手してもらうと、最初の質問を覚えている人は半数くらいいても、その後はどんどん数が少なくなっていきます。ましてメンバーが5人、10人となってくれば、さらに記憶はあいまいになります。

この3つの問いに「自分はけっこう覚えている」という人であっても、そもそも人の記憶は頼りになりません。自分は言ったつもりでも本当は言っていなかったり、別のケース、別の人と混同していることもよくあります。

私の経験上、やはり記憶というのは不確かなものなのです。

そこで大事になってくるのが記録です。次の3つを記録しておくことをお勧めします。

「いつ、誰と、どんな話をしたのか？」

「そのメンバーに自分はリーダーとして、どんなアドバイスをしたのか？」

「そのメンバーが『この部分はがんばってみる』と言った内容とは何か？」

こうしたことが記録に残っていれば、育成も、マネジメントも決定的に変わってきます。

リーダーとメンバーのやりとりでよくあるのが「このことは前にも、何度も言ったよな」とメンバーを叱る場面です。あるいは「これはオマエ自身がやるって言ったことだよね」というもの。

こうした口頭でのやりとりに終始するのは、やはり目標を達成できないリーダーのパターンです。

本当に目標を達成するリーダーは「言った、言わない」「何度も言った」という、感情的なやりとりを絶対にしません。「○月○日の面談のときに、このことはきちんと伝えたって、記録に残っているよね」「このときに、自分でがんばるって言ってるけど、どうしてできなかったの？」と記録をベースにコミュニケーションをはかります。

マネジメントで大事なのは、とにかく事実に向き合うことです。

「言った、言わない」「何度も言った」というあいまいな記憶をベースにするのではなく、**『記録』という事実をベースにコミュニケーションをする**、これが大切です。

さらにも一歩進んで、リーダーとメンバーとのやりとりを「メンバー自身にも記録させる」というのも大事なことです。

まず、面談やミーティングにおいて**「メモをする」という習慣をつけさせたい**ところです。そして、そのメモを最後にリーダーが見て、「今日はこういうやりとりをした」「リーダーはこういうアドバイスをした」「自分は、ここをがんばると宣言した」などの内容が共有されていれば、その面談の価値は何倍にも跳ね上がります。

そうやってメンバーのメモを見れば、「ここはちょっと違うな」「ここは勘違いしている」

「この部分はまったく理解できていないな」と気づくことができますし、その場で修正したり、追加で説明できるといったメリットはとても大きいです。

その後、リーダーは「メンバー自身ががんばると言った部分」を特に意識して、ていねいにモニタリングしていきましょう。

その部分のがんばりが感じられれば、仮に結果につながっていなくても、「よくがんばってるじゃないか。すごいな」「たいへんだけど、もう少し続けような」と声をかけることができます。

メンバーというのは「自分ががんばっている部分」をリーダーに気づいてもらい、認めて欲しいと思うものですし、そこを褒めてあげられれば、それだけモチベーションも上がります。当然、成長のスピードも高まるものです。

その第一歩としても、ぜひメンバーとのコミュニケーションを記録に残す習慣を身につけてください。

33 達成するリーダーは、やりとりを記録に残し、マネジメントに役立てる!

34

達成するリーダーは「ＰＤＣＡ」の「Ｃ」をケアとし、達成しないリーダーはチェックして檄を飛ばす。

私は講演やセミナーをするとき、よくこんなことを言います。

「ＰＤＣＡの『Ｃ』はチェックではなく、ケア！」

私が「日本マネジメントケアリスト協会」という社団法人を立ち上げたのも、まさにこの思いが根底にあるからです。私自身「マネジメントケアリスト」と名乗っています。

もちろん、チェックをするという行為をなくしてはなりません。進捗状況を正しく把握するためにも、その部下の能力を確認するためにもチェックは必要です。

しかし、チェックをして「何ができているか、できていないか」を確認した後、ただ檄を飛ばすだけではなかなかうまくいきません。この種のプレッシャーをかけるだけで「できないことが、できるようになる」というケースはむしろ限られています。

実際にはこんなことが背景にあるからです。

「やろうとしても、やり方がわからない……」

「やらなくちゃいけないことはわかっているんだけれど、その他のことに時間や意識が奪われて忘れてしまっている……」

「やりたい気持ちはあるんだけど、どうしても苦手意識が働いてしまい、一歩が踏み出せない……」

往々にして、こんな状況があるわけです。

この状況をリーダーがわかってあげようとせず、ただ「できてないんだから、しっかりやれ！」「これをやるのがオマエの仕事だろ！」とプレッシャーをかけていても、前に進むわけがありません。むしろ弊害になるケースのほうが多いでしょう。

では、チェックをすることで「できていない」という事実はわかったら、どう対応したらいいのでしょう？

その先は**「チェックのC」ではなく「ケアのC」に切り替えて、**「どうして、できなかったのか？」と原因探しをするのではなく、**いろいろな理由があって、できなかったんだろうなと、まずはその状態を受け止めてあげます。**

そして大事なのは「どうしてできなかったんだ！」と問い詰めるのではなく、あくまでもケアをするために「一緒に原因を考えてみよう」「そのうえで、どうしたらできるようになるかを相談しよう」、さらには「できるようになるために、リーダーとして自分ができることは何だろう？」「どんなサポートをすれば、いいだろう？」とメンバーと向き合い、話し合うことです。

もし、「やり方がわからない」というのなら、ていねいにやり方を教えてあげる必要があるでしょう。「他のことに意識を奪われている」というのなら、一緒に優先順位を考えたり、場合によっては仕事の割り振り、配分を変える必要があるかもしれません。

また、「苦手意識が働いて一歩が踏み出せない」というのなら、「踏み出せそうな小さな一歩」という行動プランを考えることも大事です。リーダー自身が一緒にその仕事（たとえば、営業同行など）をすることによって、一歩踏み出しやすい経験を積ませてあげるという方法もあります。

目標を達成できないリーダーほど、チェックをしてメンバーができていないことを知ると、「こうしろ、ああしろ」といろいろ指導、指示をします。それでもできないと「あいつはダメだ」「やる気がない」「能力がない」と（意識のなかでは）切り捨ててしまいます。

しかし、**リーダーは、そういう状況をすべて受け止めた上で、「できるようにしてあげ**

ること」が仕事です。通り一遍の指導や指示をして、それでできないからと言って「ダメなヤツ」とレッテルを貼るのがリーダーの仕事ではありません。むしろ、それはリーダーとしての仕事をサボっているのと同じです。

リーダーの心理としては「業績を叩き出したい」「目標を達成したい」という思いがありますから、つい「チェックをして、プレッシャーをかける」というマネジメントをしがちになります。

しかし、それで一時的に成績が上がったとしても、根本的なケアをしなければ、チームの雰囲気は悪くなる一方です。個々の能力も上がらず、いずれはモチベーションも下がり、チームはガタガタになります。

あまり近視眼的になるのではなく、もう少し遠くを見つめたならば、やはり「ＰＤＣＡのＣはチェックではなく、ケア」という意識でメンバーと向き合ったほうが結果として大きな成果を得るものです。

34 達成するリーダーは、チェックよりもケアを重要視する！

第5章

コミュニケーション 編

35 達成するリーダーは状況でコミュニケーションを変え、達成しないリーダーは常にメンバーに話させる。

メンバーとコミュニケーションをとり、よく陥るのが「リーダーばかりが話して、メンバーは黙って聞いているだけ」というパターン。

いつもこのパターンに陥っているとしたら、これは大きな問題です。メンバーの話に耳を傾けるのは、非常に大事なコミュニケーションです。もしあなたが「いつも自分がしゃべっている」というのなら、もう少しメンバーの話を聞くことを心がけてみてください。

それは大前提として、ここでワンランク上の話をしたいと思います。

たしかに「リーダーばかりが話すのはよくない」「メンバーの話も聞くべきだ」というのは真実です。

ただし、場合によっては上司が積極的に話すことが必要なケースもあります。

一番大事なのは、**相手や状況に応じて、適切かつ意図的なコミュニケーションができて**

いるのか、という部分です。

ここではわかりやすく「部下の能力」を横軸に、「仕事の難易度」を縦軸にした２軸で考えてみましょう。

■図：能力と難易度参照

まず右上Ⓐの「部下の能力」も「仕事の難易度」もともに高いという部分で必要になるのは、コーチングです。そもそも能力の高い部下なので、逐一教える必要はありません。

また仕事の難易度が上がれば上がるほど「自分で考え、臨機応変に工夫する」必要がありますので、リーダーは適切な質問を投げかけるなど、部下自身に考えさせる（話をさせる）コミュニケーションが必要でしょう。

図：能力と難易度

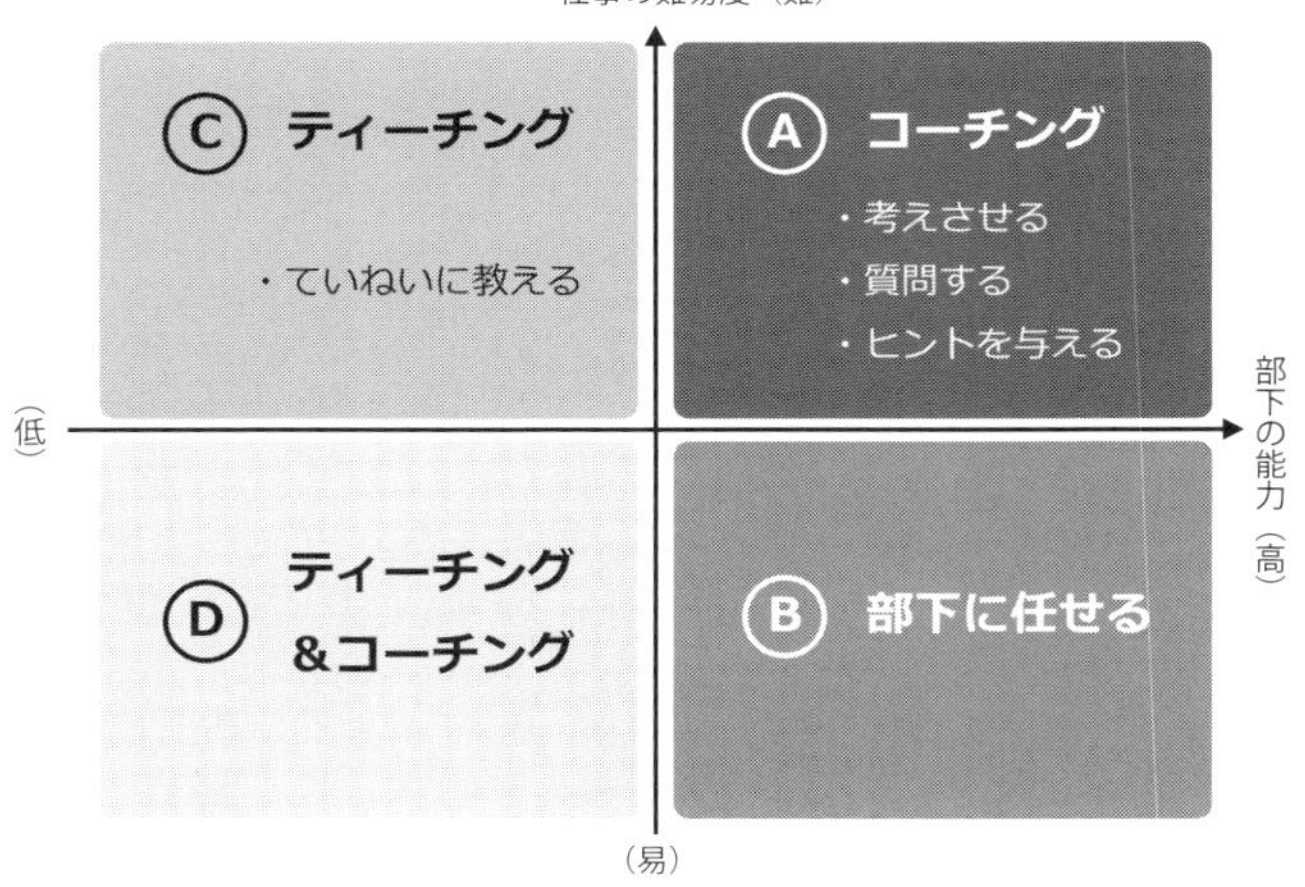

続いて、右下Ⓑの「能力は高い」「仕事の難易度は低い」というゾーンについての話は簡単です。

端的に言えば、任せればいいのです。目的やゴールの共有がきちんとできていれば、基本的には任せて、適宜進捗報告を受けたり、質問されたときに答えるというコミュニケーションで十分でしょう。

さて、左上Ⓒの「能力低い」「仕事の難易度高い」というゾーンはどうでしょうか？

この場合、基本のコミュニケーションは「ティーチング」になるでしょう。

「リーダーがしゃべるのはよくないから」という固定観念に囚われて、「君はどう思う？」「どうしたらいいと思う？」というコーチング的なコミュニケーションをしていてもなかなか前に進みません。メンバー自身も、質問をされてもどう進めていいのかわからず、答えられないケースも多いからです。

そのため、難易度の高い仕事をするからには、ベースとなる部分をしっかり教える必要があります。

そして最後、左下Ⓓの「能力低い」「難易度低い」というゾーンについては、結論から言えば「ティーチング」と「コーチング」のミックスという感じになるでしょう。

部下の能力も、仕事の難易度もケースバイケースですから、そのときに応じて対応を変えていきます。「これは一度、きっちり教えておこう」というティーチング型コミュニケーションをする場合もありますし、多少時間がかかっても「ここはどう思う?」「ここは、どうしたらうまくいくと思う?」という質問を投げかけながら、仕事を進めていくパターンもあるでしょう。

まさにミックスです。

いずれにしてもここでもっとも重要なのは、**リーダーがきちんと相手と状況を把握し、意図してコミュニケーションのパターンを変えていく**ということです。

「メンバーの話を聞くのがマル」「リーダーがしゃべりすぎるのはバツ」という単純な二者択一で考えるのではなく、柔軟にコミュニケーションパターンを変えることが何より大切なのです。

35 達成するリーダーは、相手によってコミュニケーションのとり方を変える!

36

達成するリーダーは「楽しさ」でチームを引っ張り、達成しないリーダーはひたすら真面目。

真面目に仕事をすることはもちろん大切です。それは前提と言ってもいいでしょう。

個人として、チームとして目標を達成するために、リーダーはもちろん、チームのメンバーが一生懸命がんばることはすばらしいことです。

ただし、その陰で「仕事が全然楽しくない……」「毎日、疲労困憊《こんぱい》で辛い……」という思いをメンバーが抱えていたらどうでしょうか？

仮に、それでチームの目標が達成できたとして、あなたはリーダーとして本当に喜び、充実感を味わうことができるでしょうか？

少なくとも、私はそうは思いません。

また、チームのメンバーが楽しさを感じていなければ（一時的な目標達成はできたとしても）いずれは疲弊し、モチベーションを落とし、メンタル不調を訴えたりして、結局は一番欲しかった「目標達成」すら怪しくなります。

そのためにもやはり**チームには「楽しさ」が必要**なのです。

ある介護用品メーカーの課長の話ですが、彼は日頃からいつも「仕事は楽しいか？」とメンバーに聞いていたそうです。彼の言葉を借りるなら「それしか言っていなかった」と言うほどです。

彼がチームのメンバーに「仕事は楽しいか？」と聞くと、ときにメンバーからは「いやぁ、楽しくはないですよ」という返事が返ってくることもあります。

そういうとき彼は「どうして楽しくないんだ？」と必ず聞いていました。

するとメンバーは「だって、営業ルートも決まっていますし、いつも同じところを回っているだけですから。それで『ちゃんとやってるか』を厳しく会社にチェックされて、自分の意見はロクに聞いてもらえない。この状況で、楽しいわけはないですよね」と言ったそうです。

それを聞いた彼は「それは会社の責任であり、自分の責任だ」と思い、「どうしたら楽しくなるか、一緒に考えよう」と言ってチームのメンバーを集め、ミーティングを開いたそうです。

もちろん、それですべての問題が解決するわけではありません。

しかし、彼は常に「仕事は楽しいか？」と問いかけ、楽しくないならば「どうしたら楽しくなるかを考えよう」というコミュニケーションを続けてきたそうです。

そうしたコミュニケーションを続けるなかで、メンバーからいろんな意見やアイデアが出るようになり、最終的にはみんながイキイキと、主体的に働くようになり、業績もグングン上がっていきました。

当然のことながら、最初は課長だった彼もどんどん出世して、今では経営幹部にまでなっています。

「楽しさが大事」と言っても、仕事ですから、たいへんな場面も辛い瞬間もあります。

特にミドルマネジャーはチームの業績目標を課せられて、リーダー自身が「楽しむ」なんて余裕を失っているケースもあるでしょう。

しかし、そういうときにこそ、リーダーとして「どんなチームにしたいのか」「チームのメンバーにはどんな働き方をして欲しいのか」という本質的なところを考えてみて欲しいのです。

やはり私なら、どんなに**苦しい仕事でも「みんながイキイキと、楽しんで働ける職場」にしたい**と思いますし、そういうチームが本当の意味で、継続的な目標達成をしていくのだと確信しています。

だから、1人で苦しんでいるメンバーがいたら、声をかけ、できる限りのサポートをしますし、チームのみんなで「どうしたらいいか？」「何かできることはないか？」と話し合います。

あるいは、私自身が余裕を失い、いつも忙しそうに不機嫌そうにしていたら、それこそチームの雰囲気は悪くなり、みんなが楽しく仕事をすることができなくなります。

だからリーダーとして、明るくおどけることもしますし、バカになって、みんなを笑わせることもします。もちろん、リーダーにもそれぞれのキャラクターがあるでしょうから、必ずしもおどけたリーダーになる必要はありません。

「どうしたらチームのみんなが楽しくなるか」を考え、実行するのは、リーダーに課せられた大事な役割の1つなのです。

36 達成するリーダーは、チームのみんなが楽しくなるかを考える！

37 達成するリーダーは「もう1つ踏み込んだ質問」をし、達成しないリーダーは報告の深追いをしない。

これまで私はいろんな企業や組織に出向いて、1万人以上のリーダーたちを見てきましたが、目標を継続的に達成するリーダーにはいくつかの共通点があります。

その1つは、**メンバーとのコミュニケーションにおいて「もう1つ踏み込んだ鋭い質問をする」ということ**です。

たとえば営業職の場合、メンバーはこんな報告をしてくることがあります。

「あそこの企業の担当者は、こちらの商品にまったく興味を示さないので、何を提案しても無駄ですね」

この言葉を聞いて「そうか。それは厳しいな……」と受け入れてしまうリーダーもけっこういるのですが、これではなかなか目標を達成することはできません。

もちろん、このメンバーだって力を抜いているわけではなく、精力的なアプローチを（もしかしたら何度も）してみたのかもしれません。

しかし、私ならこのメンバーに対して、投げかけたい質問がいくつもあります。


「そもそも、向こうのニーズ、課題はヒアリングしたのか？」

「それはどんな課題、ニーズだったのか？」

「その課題に即した提案をしているのか？」

「その提案とはどういうものなのか？」

「実際のところ、向こうの担当者は何と言ったのか？」

「どんな反応から『こちらの商品に興味がない』と感じたのか？」

「ニーズに即した提案をしているはずなのに、なぜ興味がないのか？　その真因は？」

「何を提案しても無駄というのは、そもそも、いくつの提案をしたのか？」

「その提案はいつしたのか？」


ぱっと思いつくだけでも、これだけの質問項目が思い浮かびます。

もちろん、これらの質問を一気に浴びせかけようという話ではありません。そんなことをしてもメンバーを追い詰めるだけです。

どの質問を、いつ、どのくらい投げかけるかは時々に応じて変わりますが、少なくとも「メンバーの仕事の真実」「現場の真実」を知るために「もう1つ踏み込んだ質問」は必ず投げかけます。

本書でも「チェック項目」「モニタリング方法」の話を何度もしていますが、どんなに優れたしくみがあっても、**リーダーに「掘り下げるための質問力」がなければ真の効果は発揮されません。**

別のケースを考えてみましょう。

あるＩＴ系のシステム開発をしているチームで、どうしても進捗が遅れがちになるメンバーがいました。

たいていのリーダーは「どうして、計画通り進まないんだ?」「計画を一度きちんと見直したほうがいいぞ」くらいのことは言います。

その程度のコミュニケーションで問題が解決するなら、それでいいわけです。

しかし、それでは状況が改善しないから、多くのリーダーが困っているわけです。そういう場合には、もっと事実を掘り下げる質問が必要です。

「この計画は1日単位になっているのか？　それとも時間単位にまで細かく落とし込めているのか？」

「時間単位の計画表があるなら、計画表とその時間に行った作業を教えてくれる？」

「その時間にできた成果物を見せてくれる？」

「その時間に、できなかった部分は何？」

「そのできなかった理由は何だと思う？」


たとえば、このように具体的かつ、細かく掘り下げていくことも、ときには重要です。

誤解して欲しくないのですが、ここでのコミュニケーションは、決して叱るわけでも、厳しく問い詰めるのでもなく、純粋に事実を掘り下げていくためのものです。

目標を継続的に達成するリーダーは、安易に妥協せず、お互いが納得するまで粘り強く掘り下げたコミュニケーションをしています。

37　達成するリーダーは、叱るわけでもなく、事実を掘り下げていく！

38

達成するリーダーはメンバーの言い訳をしっかり聞き、達成しないリーダーは「言い訳するな」と言う。

最近はパワハラについてもかなり敏感になっているので、メンバーに正面切って厳しいことを言う人は少なくなりました。

しかし、リーダーたちに本音のところを聞いてみると、やはりメンバーに対して「言い訳するな！」「甘えたことを言うな！」と内心思っている人はけっこういます。

実際、厳しいリーダーのなかには「私はメンバーの言い訳は一切聞かないようにしています」「言い訳を聞いていると、メンバー自身も『言い訳すればなんとか切り抜けられる』と思うようになるので、それは一番よくないと思っています」と語る人もいました。

たしかに「言い訳すれば切り抜けられる」というのは、個人としてもチームとしても、よくない状況です。言い訳のうまい人ばかりが楽をするというのは、フェアではありません。

しかし、それで言い訳をシャットアウトすればいいのかと言えば、決してそうではありません。むしろ私は、部下の言い訳には積極的に耳を傾けてきました。

その理由の1つ目は、**一言で言い訳と言っても、中身にはいろんなレベルがある**という点。

自分の怠慢を正当化しようとしていたり、責任を他者に押しつけようとしていることがありありと感じられる、典型的な言い訳ももちろんあります。

一方で、なかには「ああ、その状況じゃ、仕方ないな」「本人的に精一杯やったのに、ちょっと力不足だったみたいだな」と感じられるものもけっこうあります。

当然、前者と後者ではリーダーとしての判断、評価も変わりますし、とるべき対処も変わってきます。

つまり言い訳というのは、まずはじっくり聞いてみないと、それが「ひどい言い訳」なのか、「聞くべき言い訳」なのか判断できないのです。

そしてもう1つの理由は、リーダーが「言い訳はダメだ！」「一切受けつけない！」というコミュニケーションを日常的にとっていると、メンバーは真実を隠すようになり、結局、真の問題が見えないという弊害が起こってくる点です。

どんな内容の言い訳にしろ、メンバーの話に耳を傾けていれば、得るものは必ずあります。それが仮に「どうしようもない言い訳」だとしても、「A君はこういう言い訳をするタイプなんだな」「こういうことがわかりますし、「こういう性格で、こういう行動は苦手なんだな」「こういう部分に、ズルイところがあるんだな」といろんなことがわかります。

こちらはリーダーですから、そうした状況をすべて踏まえて、受け止めて、**メンバーを成長させたり、「できなかったこと」をできるようにさせてあげるのが仕事**です。

そこを間違ってはいけません。「やれ！」「言い訳するな！」と言うのがリーダーの仕事ではなく、「成長させ、できるようにしてあげる」のが仕事です。

そのためにも相手の性格や特性、状況や仕事ぶりを把握するのは大事なことで、「言い訳」というのはけっこう貴重な情報源なのです。

ただし、「言い訳を聞く」のと「言い訳を認める」のには、根本的に意味が違います。

リーダーとして言い訳を聞くことは大事です。しかし、それをすべて認めるのではなく、状況に応じて、必要かつ適切な手を打たなければなりません。

たとえば、メンバーとのやりとりのなかで「オマエはいつも言い訳ばかりする！」「前

も同じ言い訳をしてただろ！」とリーダーが吠えているケースがあります。

きっと「いつも同じ言い訳をする」というのは真実なのでしょう。

しかし、それはメンバーだけが悪いのではなく、「いつも同じ言い訳をする状況を放置している」という意味で、リーダーにも責任があるのです。

つまり、**次は「言い訳が通用しない状況」を作り出すことが重要**なのです。

実際、私の部下にも「営業に出る際、訪問目的を明確にする」という基本行動ができない人がいたのですが、「どうしてできないの？」と聞いても、言い訳ばかりしていました。

そこで、私は「『今日の訪問目的は何か？』という問いに答えられないうちは、今日は外に出なくていいよ」「それが明確にできないうちは、営業に出なくていいから」と言って、「外に出さない」ということを徹底しました。

最初のコミュニケーションとして、言い訳を聞くことは大切です。

しかし、それが単なる言い訳だとしたら、次は「言い訳が通用しない状況を作る」「それを徹底する」というリーダーの姿勢も併せて必要となってくるのです。

38 達成するリーダーは、言い訳が通用しない状況を作り出す！

39

達成するリーダーは常に「目的」を意識させ、達成しないリーダーは「目的」を見失う。

ここでは「目的」と「目標」の話をしようと思います。

先日、こんなことがありました。私の母も高齢になり、デイサービスを利用していて、あるとき、デイサービスの担当の方からウチに電話がかかってきたのです。

「今、お母さまが『お風呂に入りたくない』と言って困っています」

スタッフが手を変え、品を変え説得しているんですが、どうしても「入りたくない」と言っていたそうです。

そこで私は「ところで母は今、何をしているんですか?」と尋ねてみたら、「昨日会った友人との会話がものすごく盛り上がって、楽しそうに談笑している」と言うのです。

その話を聞いて私はこう言いました。

「最初にデイサービスについてご説明いただいたとき、あなたはこう教えてくれました。

『デイサービスとは、体が不自由になり、自宅に籠もりがちになる高齢者に対して、通う楽しみを提供して、外出する機会、体を動かす機会、社会とつながる機会を作る場なんです』と。

それを聞いて、私はすごくすばらしい目的だと感じたんです。もちろん今日だって、お風呂に入れるに越したことはないんですが、母がお友達と楽しそうに話しているなら、無理にお風呂に入れなくても。まずはデイサービスは『楽しい』を体験させてやってください」

すると向こうの担当者も「たしかにそうですね」と明るく言ってくれました。

このちょっとしたエピソードは、私たちの仕事の現場でも頻繁に起こっていることではないでしょうか？

デイサービスの担当の方にしてみれば「何時から何時まではリハビリをやって、その後体操をやって、それが終わったらお風呂に入れて、お菓子を食べて……」というカリキュラムがきっちり決まっているわけです。しかも、それを夕方の帰る時間までに終わらせなければならないのですから、これはたいへんです。

そのスタッフの方も熱心かつ責任感があるからこそ、自分の果たすべき役割をしっかりこなそうとしてくれていました。

しかし、それらはすべてその人たちの「責任範囲におけるルール」あるいは「目標」であって、本来の目的ではありません。

これを自分事に考えると、私たちの仕事のなかにも「決まりだからやる」「ルーティンになっているからやっている」「目標を達成するためにただやっている」という仕事、作業も多いように感じます。

目標に焦点を当て続けるあまり、肝心の目的が置き去りになってしまっているのです。

たとえば本書でも日報の話に触れましたが、以前、ある事務器機のリースをしている会社で「日報を書く目的って何ですか?」と尋ねたことがあります。

すると、「だいたい2週間後にクライアントのところへ再訪するので、前回、どんな宿題をもらったのか、どんな反応、どんな会話をしたかなどを確認し、次回の訪問目的を明確にするためです」と1人が教えてくれました。

その答えを聞いて、私は「すばらしい目的ですね」と感動しましたし、そんなふうに目的が語られること自体がさすがだと思いました。

そこで気になって、研修に参加していた全員に「では、みなさんのなかで、メンバーのほとんどが今日、訪問するクライアントについて、前回訪問したときの日報を読み返してから訪問していると思う人は手を挙げてください」と聞いてみました。

すると、100人中2、3人しか手が挙がりません。

メンバーがやれていないのか、やっているか否かをリーダーが把握できていないのか、理由はそれぞれだと思いますが、いずれにしても、これは非常に残念でもったいない話です。

「こういうルールは守ろう」「こういう目標は達成しよう」と繰り返し言うリーダーは大勢いますが、**「その目的は何?」とことあるごとに尋ねる**リーダーは少数派です。

しかし、すべての根源として、一番大事にされるべきはやはり「目的」です。

ぜひ、あなたも「その目的は何?」というのが口癖になるようなリーダーになりましょう。

39 達成するリーダーは、「その目的は何?」を口癖にしている!

40

達成するリーダーは自分の暴走をメンバーに確認させ、達成しないリーダーは自分で気をつける。

ときにリーダーは暴走してしまうものです。

暴走と言うのは、ちょっと表現がキツすぎるかもしれませんが、リーダーにありがちなパターンがいくつかあると思います。

たとえば「自分の考えややり方を押しつける」というものです。

リーダーはメンバーに比べて経験値が高く、さまざまな成功体験を積み上げてきているので、その経験から生まれた「方法」や「考え」を伝えるのはいいと思います。

しかし、それが一方的な「押しつけ」になっている人も、ときどき見受けられます。

リーダーがプレイヤーとして活躍していた時代とは、ビジネス環境が大きく変わっていますし、また、人が変われば「効果の出やすい方法」も変わります。

そのあたりをすべて無視して、自分のやり方を押しつけるのは、紛れもなくリーダーの暴走です。

あるいは、「決めつけ」という暴走もあるでしょう。

「どうせ、オマエはきちんと準備をしていないんだろう！」「口先ばかりで、真面目にやってないんだろう」「みんなが見てないところでサボっているに決まっている」「わかってないに決まってる」などリーダーがメンバーに対して決めつけることもけっこうあります。

さらには、「感情に任せて話す、叱る」「自分の話に酔う」というのもよくある暴走パターンです。

メンバーを叱っているリーダーを見ていると、「叱っているポイント」が大きく外れて、ただ感情に任せて説教を続けている人をときどき見かけます。

叱るというケースでなくても、自分の意見に酔い、長々と話しているパターンもよくあるでしょう。リーダー自身が「マーケティングの本を読んだ」「コーチングを学んだ」という経験から、それがいかに大事かを延々と話しているなんて場面もときおり見かけます。

リーダーとして勉強熱心なのはいいことですし、それをメンバーにも共有し、還元しようとするのもすばらしい姿勢です。

ただし、そのタイミングや、話す長さは適切なのか、本当にメンバーやチームのためになっているのか、自分に陶酔しているだけで独りよがりになっていないのか？

そうしたところをきちんと確認できなければ、単なるリーダーの暴走になってしまうのです。

研修やセミナーの際、こうしたパターンを紹介しながら「あなたはリーダーとして暴走していませんか?」と聞くと、なかには「私は暴走しないよう常に気をつけているから大丈夫です」という人がいます。

もちろん、自分で気をつけることは大事なことです。

ただし、**リーダーが「自分で自分の暴走に気づく」のは限りなく難しい**のです。

とても興味深かったケースとして、「リーダーの暴走と聞いて、あなたはどういう場面が思い当たりますか?」とある企業のメンバーに聞いてみたところ、「リーダーの都合で雑談をしてくる」というものがありました。

自分が忙しいときは話しかけてこないくせに、時間ができるとメンバーにやたらと話しかけてくるというのです。彼らにしてみれば、リーダーから話しかけられたら邪険にするわけにもいかず、困ってしまいます。

一方、その張本人であるリーダーに話を聞くと「自分は、できるだけメンバーと親密なコミュニケーションをとっていて、それだけ信頼関係ができている」と言うのです。

それくらいリーダーとメンバーとの認識にはギャップがあるのです。

また、それくらい「リーダーの暴走」というのは、自分では気づけないものなのです。

そこで私が伝えたいのは、「リーダー自身が気をつけること」はもちろん、**メンバーに対して「自分が暴走していないか」を常に聞くよう心がけて欲しい**ということです。さらには、そんな自分に対して**「本音で話してくれる腹心のメンバー」を持つこと。**

たとえば、メンバーの1人を指導したり、叱ったりした後で、腹心のメンバーに「オレの言い方は厳しすぎたかな?」「どう感じたか、正直に教えてくれないか」と聞くのです。ミーティングの後でも、「私の話は難しすぎたかな?」「みんなちゃんと理解してくれたかな?」「どう感じた?」と聞くのです。

メンバーがどこまで本音で話してくれるのかは、自分との関係性によりますが、少なくとも、リーダーが常にそうした姿勢を示すことは大事です。

40 達成するリーダーは、自分の暴走は気づけないと知っている!

41 達成するリーダーはメンバーの言葉の背景を感じとり、達成しないリーダーはメンバーの言葉を信じる。

前の項目で「自分が暴走していないかをメンバーに確認する」という話をしましたが、メンバーは本音をなかなか話してくれないものです。

構造上、どうしたって「立場の壁」は存在するのです。

だからこそ、「自分が暴走していないか」を本当に確認したいと思うなら、腹心のメンバーに「なぜ、本音で話して欲しいのか」という目的をしっかり伝えて、「だから、言いにくいことを言わせて申し訳ないけど、気がついたら、ぜひ本音で教えて欲しい」と懇願するくらいでちょうどいいと思います。

そして言うまでもなく、その**メンバーの言葉を真摯に受け止めるのは大前提**です。

「いや、それはちょっと違う」「いや、オマエそうは言うけどさ」なんてことを一言でも言ったら、その先は本音など聞けません。

さらにもう1つ大事なことがあります。

それはメンバーの言葉をそのまま信じるのではなく、その**言葉の「背景に隠された真実」を感じとる**ということです。

たとえば、腹心のメンバーから「あの言い方では、あまり伝わらなかったかもしれませんね」と言われたら、「あまり伝わらない」どころか「全然伝わってない」と思ったほうがいいでしょう。

あるいは、A君を厳しく指導した後に「Aは、打たれ弱いところがありますからねぇ……」と腹心のメンバーが言ったら、「あなたの言い方ではA君にキツすぎる」「あの言い方ではA君は落ち込むばかりで、あまり効果は期待できない」というニュアンスを含んでいるかもしれません。

ふつうリーダーに意見したり、進言したりするのは、本当に難しいことなので、その表現が控えめになるのは当然です。

だから、リーダーは「メンバーの言葉」を鵜呑みにしていると、事実が見えてこないこともけっこうあります。

ミーティングの場でも、たとえばAとBという2つの方法があって「どちらがいいか」

という話し合いをしているとします。

そのとき、リーダーが「私はAがいいと思うんだけど、みんなはどう思う?」なんて聞いたら、ほとんどのメンバーが「Aを支持する」という立場で話し始めます。

やはりそこでは「自分の意見は先に言わない」「最初は、黙って意見を聞く」というくらいの工夫は必要です。

そして、いろんなメンバーから意見が出始めたときこそ、リーダーは「言葉」だけでなく、仕草や雰囲気なども含め、その意見の背景に隠れているものを敏感に察知して欲しいのです。

「AとBという選択肢の場合、Aのほうがいいとは思うのですが、現状は忙しすぎてAという方法を採ることが物理的にできません」なんてはっきり言う人はまずいません。それが本音だとしても、そんなことは言えないのです。

たいていは「まあ、Aのほうがいいとは思うんですけど……」とか「AとBのどちらかと言えば、Aだとは思うんですけどね」という言い方をしながら、なんとなく「でも、Aをやるのは厳しいんだよなぁ……」という雰囲気を醸し出すものです。

そのときこそリーダーが察知して「でも、Aをやるのは難しそうだよね?」とか「Aをやるには何か、障害があるんじゃないの？」と水を向けてみます。

そういうコミュニケーションをして初めて、メンバーは「たしかに、ちょっと今は忙しくて、Aをやろうと思っても、なかなか手が回らないっていうこともあるんで……」という本音を発してくれるのです。

だからこそ、**リーダーは言葉を鵜呑みにするのではなく、その奥に隠された本音を察知するべく、ていねいな観察とコミュニケーションをして欲しい**のです。

それをせず、言葉だけを受けとって「みんな、どちらかと言えばAがいいと思っているみたいなんで、Aで行こう」と安易に決断すると、「みんなで話し合って決めたはずなのに、全然うまくいかない」という現場レベルの不都合が次々と起こってくるのです。

つまり、メンバーの話を途中でさえぎらず、最後まで真剣に聴いたり、メンバーの表情や話し方などから本音を感じとるよう、意識することが重要です。

こんなところに目標を達成するリーダーと達成しないリーダーの差が生まれているのです。じつは、意識を変えれば結果がついてくるケースは、けっこう多いのです。

41 達成するリーダーは、メンバーの心の奥の本音を引き出す！

第6章

ミーティング 編

42

達成するリーダーは「上からの指示」をみんなで考え、達成しないリーダーはそのまま伝える。

たいてい組織というものは「上からの指示」が降りてきて、それを現場のミドルマネジャーがチームに降ろしていくという構造になっていると思います。

本書でも「高すぎる数値目標が降りてきたときにどうするか」という話はすでに触れましたが、この「上からの指示」を、どのようにチームに降ろしていくのか？

リーダーとして非常に大事な部分です。

たとえば営業には数値目標が降りてきますし、製造現場には「納期を厳守しろ！」「不良品発生率を落とせ」など、いろんな指示や命令、指針が降りてくるでしょう。

そして、目標を達成できないリーダーほど、この内容をそのままチームに降ろしてしまいます。

ここでまず問題となってくるのが、リーダー自身がその指示や命令をそもそも理解できているのか、という部分です。

ある精密器機の部品メーカーの話ですが、製造部門に「不良品発生率を30％低減しろ！」という指示が降りてきたことがありました。

現場のリーダーは「不良品発生率を30％低減しよう！」という指示をそのままチームに降ろし、メンバーは自主的にダブルチェックをするようになりました。

それ自体は問題ないように感じます。

ところが、そのダブルチェックを始めたせいで、今度は生産効率が下がり、納期遅れが生じるようになってしまったのです。

じつはこの話には、もう1つ前のエピソードがあって、そもそも以前は「納期遅れが問題だ！」「納期を遅れないようにしよう」という指示・命令が上から降りてきて、チェック体制を少し簡略化していたのです。

その結果、不良品発生率が高まるという問題が起こっていたのです。

実際の話は、もちろんもう少し複雑な事情が絡んでいるのですが、話をシンプルにすると「納期」と「不良品発生率」がトレードオフの関係になっているということです。

このケースにおいて、リーダーとしてもっともよくないのは、上が「納期を守れ！」と言ったら納期を守るようがんばって、上から「不良品発生率を減らせ！」と言われたら、今度はそのようにがんばる、というやり方です。

それでは根本的な問題は何も解決せず、ただ上から言われたことを現場に降ろしている思考停止状態です。

リーダーとしてまず大事なのは、**上から降りてきている指示や命令、指針について「その意味や背景」をきちんと理解すること**です。もちろん、そのためには自分の上司に質問したり、ときには会議の議事録を見せてもらったりする必要もあるでしょう。

そうした背景や理由、幹部たちの考えや意図を踏まえた上で、チームに降ろしていく、この姿勢は不可欠です。

さらに、チームに降ろしていくときには「こうやれ、ああやれ」「こういう指示があった」とただ降ろすのではなく、**「どうしたら、それが実現できるのか」ということをみんなで考えることが大切**です。

さきほどの「納期」と「不良品発生率」のケースで言うなら、「どうしたら、納期を守りつつ、不良品発生率を30％減らせるのか」を考えなければならないのです。

もちろん、こうした「トレードオフに見える問題」「実現が難しそうな目標」に向き合う際、現場サイドからも「こうして欲しい」「こういう事情で、実現するのが困難だ」というさまざまな事情が浮かび上がってくるでしょう。

それこそが、現場で解決すべき本当の課題であり、乗り越えるべき壁なのです。

それを無視して「これを実現しよう」「達成しよう」とリーダーが言い、場当たり的に対応していても、真の目標が達成されるはずはありません。

そのときこそ、リーダーは「どうしたら実現できると思う?」「実現するために、何かして欲しいことはない?」「要望は何?」という質問を投げかけることが大切です。

ここでのポイントは「できない理由」を聞くのではなく、**「実現するためにして欲しいこと」「要望」を聞く、**ということです。

この前向きな話し合いによって、少しずつでも現場を改善していきます。

その繰り返しによって、他のチームとは決定的に異なる成果を叩き出せる「強いチーム」になっていくのです。

42 達成するリーダーは、どうしたら実現できるのかをチームで考える！

43 達成するリーダーは多忙でも改善のための時間を作り、達成しないリーダーは業務に忙殺される。

最近よく言われている「生産性向上」にしろ、「業務改善」にしろ、何かの施策をするためには、そのための時間が必要です。

みんなで話し合い、何かしらのマニュアルやしくみを作る必要があるのなら、当然、その時間が求められます。

しかし、多くの組織では日々の業務に忙殺されて、その時間がとれません。

たとえば、あるシステム開発会社では、複数の部署がいろいろなプロジェクトに関わり、ＩＴ系のシステム開発をしているのですが、じつはそれぞれのチームで起こっている問題、不具合には共通する部分がたくさんあります。それはどのチームのメンバーも理解しています。

各チームで起こっている「問題、トラブル、不具合」を整理し、一括して検索できるようにすれば、効率が飛躍的にアップすることは誰もがわかっているのです。

そして、そもそも彼らはエンジニアなので、そのための技術は十分に持っています。ところが、それをやる時間がありません。みんなが目の前の仕事に追われ、改善業務に手をつけられないのです。

どんな組織にも、似たような状況があると思います。

イソップ物語にこんな話があります。

木こりが必死になって木を切り倒しているのですが、本来なら5分で1本の木が切れるところを、20分もかかってしまっています。よく見たら、のこぎりの刃がボロボロに欠けてしまっているのです。

それを見た神様が「のこぎりの刃を研いだほうがいいですよ。そうすれば5分で切れるようになりますよ」と教えてくれます。

ところが、木こりは「いやいや、のこぎりを研いでいる暇なんてないんです」と答えるという物語です。

今、多くの組織で、これと同じことが起こっています。この状況を回避できるか、できないかは、リーダーの意識と覚悟、そして決断にかかっています。

たしかに、業務のなかには「今日、やらなければいけない」「今、手を離すわけにはいかない」というものもあるでしょう。

しかし、その状態が明日も、明後日も、来週も、来月も延々と続いていくとしたら、いつかはパンクしますし、目標を継続的に達成することは難しいでしょう。

また、昨今は「残業時間を減らせ！」「かける人員、工数を減らそう」という動きが盛んですから、そもそも改善は必須なのです。

本書でも「みんなが1時間早く帰るためにはどうしたらいいか」を考えるワークショップを立ち上げようという話をしましたが、やはりリーダーには「改善するための時間を作る」「みんなで話し合う時間を作る」ということが強く求められているのです。

これはチームのメンバーにはなかなかできないことで、紛れもなくリーダーに課せられた責務です。

さて、実際に**業務の改善をする場合、ここでも大事になってくるのが「目的は何か？」という視点**です。

さまざまな業務フローにしろ、マニュアルにしろ、日報などの書類にしろ、そのしくみが生まれたからには、何かしらの目的があります。

そして、現場の実情をていねいに観察してみると、同じ目的の報告書が3種類も存在していたり、何十年も前のしくみがそのままになっていたり、マーケットの変化ですでにその目的自体を失っている作業もたくさんあるでしょう。

あるいは反対に、日常的に重視されず、ないがしろにされていた業務フローが、安全面や製品クオリティを担保するのにとても重要であると気づく場合もあります。

いずれにしても、**「その目的は何か?」「その目的を果たすために、ベストかつ過不足ない状況になっているのか?」という視点でみんなで話し合い、ネタ出しをすれば、間違いなく効率が高まり、生産性がアップする方向へと動きます。**

問題は、リーダーが覚悟を持ってその時間をとれるかにかかっています。

そして、その改善施策を現場レベルで実施できるか、ということです。

忙しいリーダーほど余裕を失い、その判断ができなくなっているものですが、むしろ忙しいチームやリーダーにこそ足を止めて考える時間、改善が必要なのです。

43 達成するリーダーは、改善のための時間を作る!

44 達成するリーダーは全員賛成でももう一段掘り下げ、達成しないリーダーはそれ以上議論はしない。

ミーティングをしていると、すぐにみんなが賛成して、反対意見や疑問がまったく出てこない場面があります。

もっともわかりやすいのが、会社の上層部から降りてきた指令やメッセージ。これらについてはリーダーが「こういうことをするようにお達しがあった」と伝えれば、たいていメンバーは「わかりました」と言って終わりです。

そうやって現場に降りていくのですが、これがけっこう大きな問題となります。

目標を達成しないリーダーほど「意見が出れば議論するけど、みんなが賛成なら、すぐに行動しよう」と思ってしまうもの。

もちろん、即座に行動に移すのはすばらしいことです。

ただし、意見や質問が出ないからと言って、メンバー全員がきちんと理解しているとは限りませんし、その内容の背景や目的をきちんと認識し、それに納得しているとも限りません。

たとえば「水曜日はノー残業デーに決まったから、みんな水曜日は残業しないようにしよう」とリーダーが伝え、メンバーが「はい、わかりました」と言ったとします。

実際、こうした組織はたくさんあるでしょう。

しかし、ふたを開けてみると、たしかに水曜日は残業がなくなったが、それ以外の曜日に1時間ずつ残業が増えている、そんなケースもあるでしょう。あるいは、水曜日は定時に会社を出て、近くのカフェで残りの仕事をするというパターンなども同様です。

これでは本末転倒です。

だからこそ、本当に目標を達成するリーダーは、**全員が賛成し、反対意見が出ていないときでも、もう一段掘り下げるようなコミュニケーションをする**のです。

「水曜日はノー残業デーだけど、実際にそれって可能なのかな?」

「別のところにしわ寄せがきたりしないかな?」

こうリーダーが問いかければ「たしかに今の業務量だと水曜日は定時に帰っても、それを別の曜日に振り分けることになりそうです」とか「結局、どこかでやらなきゃいけないのであんまり意味ないですよ」などの意見が出てくるかもしれません。

このようなやりとりをした先に「じゃあ、水曜日に残業せずに帰るためには、どうしたらいいだろうか?」という真の議論が始まるのです。


これはどんな内容でも同じで、「営業は、見込み客に8回訪問することにしよう」「最近は不良品比率が上がっているから、すべての行程をダブルチェックしよう」などいろんな施策が決定し、現場で行われていると思います。

もちろん、それら1つひとつは「ある側面」から見れば、たしかに効果的で、価値ある施策です。あるいは、会社から降りてきたことなので「議論したって、どうせやることは決まってるんでしょ……」「反対しても無駄」と思っている人もいるでしょう。

しかし、そんな思いで、上っ面だけ実施しても、本当の成果や価値など、生まれるわけがありません。

結局、現場で「やるべきこと」ばかりが増え、生産性を落とし、むしろ目標達成から遠のいていきます。実際、そんなチームもたくさん見てきました。

一方、常に目標を達成するリーダーは、やはりそのあたりのコミュニケーションやミーティングの運営が真剣です。決して表面をなぞるようなことはしません。


「本当に理解しているのか?」

「本当に納得しているのか?」

「みんなでその背景や価値、目的を共有できているのか?」

「本当に実施できるのか?」

「実施したことで、目指す効果はきちんと出るのか?」


このような本質的な掘り下げをします。

それによって、もちろん議論は難しくなります。

しかし、そういう本質的な話し合いをするからこそ、メンバー全員が「目的は何か」「何が必要で、何が不要か」を考えるようになり、結果として効率を高め、継続的に目標達成ができるチームへと成長していくのです。

44

達成するリーダーは、本質まで掘り下げる!

45
達成するリーダーは必要に応じて会議の参加者を変え、達成しないリーダーはいつも同じメンバー。

どういうメンバーで会議やミーティングをするのが最適なのか？

それを考えて、会議やミーティングのメンバーを変えましょう。

考えてみればじつに当たり前のことなのですが、これができているリーダーは案外少ないものです。

最近は雇用形態もさまざまで、正社員もいれば、派遣、パートもいるでしょう。週5で働いている人もいれば、週に2、3日しかこない人もいます。

私がかつて働いていたJTでも、その他、いろんな企業に訪問させてもらっても、同じような場面を何度も目にしてきたのですが、いつも同じ社員だけが4、5人集まって会議をしている、というケースがけっこうあります。

もちろん、それが最適な構成メンバーなら何も問題ありません。

しかし現実には、派遣やパートの人だって直接お客様と触れ合っているのに、社員だけで集まって「お客様のニーズを把握することが大事だ」なんて話し合っているのは、自然に考えておかしいと思いませんか？

パートの人がお客様と直接関わっているなら、その人も会議に呼んで、彼女たちの視点から現場の実態を話してもらうに越したことはありません。

また、顧客のニーズを把握したいのなら、実際に取引をさせてもらっているクライアント先の担当者を呼んで、その人にミーティングに入ってもらうという方法もあります。

優秀なリーダーほど会議やミーティングのメンバーについても柔軟に考えていますし、社員、派遣、パートという枠は簡単にとっ払い、社内、社外、クライアントという枠組みさえ外してしまいます。

その「巻き込み力」が大きな成果につながっているリーダーを私は何人も見てきました。

ある自動車販売会社のケースですが、ある店舗で営業員が集まって営業会議をすることが通例になっていました。自分の営業活動の進捗を報告し、どんな課題があるかを話し合い、解決策を見つけていく会議です。

会社の慣例として、この会議に参加するのはあくまでも営業員で、店舗の約半数を占める整備部門の人は参加していませんでした。

しかし、あるリーダーが「どうせなら整備の人も一緒に参加してもらおう」と提案し、整備と営業が一緒になって「どうやってお客様に向き合うか」を考え、話し合うようにしたのです。

すると、「お客様の担当はあくまでも営業」「営業がお客様の相手をする」という固定観念に囚われなくなり、整備部門の人がお客様と積極的にコミュニケーションをとるようになってきたのです。

営業担当がちょっとした事務作業のためにバックヤードに入っている間、今まではお客様を待たせていたのですが、それ以来整備部門の人がお客様に「自宅でできる簡単な整備のポイント」とか、「そのお客様の車の状態から、気をつけたほうがいい部分」などを話すようになったのです。

そうやって「営業担当とお客様」という関係から「店舗全体とお客様」という関係ができあがり、店舗のお客様を迎える雰囲気がガラッと変わってきたというケースがありました。

そのきっかけを作ったのが「定例の営業会議に、整備部門の人にも参加してもらう」ということだったのです。

さらに、こうした「部門」という垣根を越えるだけでなく「上下の役職」を越えるという方法もあります。

これは私がよくやっていたことですが、営業所長である自分が参加する会議に、可能であれば自分の腹心、営業所のナンバー2を同席させるという方法も効果的です。

自分1人が課長として参加するだけではなく、チームからもう1人、同じ会議やミーティングに参加していれば、それだけチームへ話を降ろしやすく、浸透させやすくなります。

同時に、これから所長になる次期リーダーを育てるという目的も果たせるのです。

だから私は自分が参加する会議、自分が受ける研修などでも、**可能な限り「○○も参加させたいのですが、いけませんか?」と聞いて、メンバーを巻き込むようにしていました。**

これも非常にオススメなのでぜひやってみてください。

チームに与える影響は決定的に変わってきます。

45

達成するリーダーは、会議の目的に沿って、メンバーを柔軟に考える!

第7章

決断編

46

達成するリーダーは「メンバーの考え」を聞いてやらせ、達成しないリーダーは会社の方針にこだわる。

会社から方針や戦略が降りてきて、それを現場が実行する――。

原則、組織というのはそういう構造になっているのですが、単純に「決まった通りにやる」「言われた通りにやる」というだけではうまくいきません。

現場には現場の真実や事情があって、会社の方針や戦略を守りつつも、クライアントや競合他社の状況に応じて、臨機応変に対応しなければ、目指す成果は得られません。

「会社の方針はこうだから……」「これは決まったことだから……」という言い方をしているリーダーは、やはりこの「現場に即した創意工夫」を引き出せません。

リーダーとしてここで大事なのは、**チームのメンバーに参画意識を持たせること。**もっと簡単に言えば、「自分ごと」にして欲しいということです。

そこでまず「会社からこういう方針が降りてきた」と一方的に言うのではなく、「会社からこういう方針が降りてきたんだけど、どう思う?」「こんな戦略で進めていくことになっているんだけど、現場としてはどうかな?」などの質問を投げかけることが大切です。

もちろん、最終的には会社の方針に従うのが原則なのですが、現場の意見やメンバーの思いを聞くことで、いろんな現状や真実が見えてきます。

そして、「こういう事情で、実行するのが難しい」という場合には、みんなで「じゃあ、どうしようか?」「どうしたらできるようになるかな?」とさらに議論を深めていくようにしましょう。

その議論の結果「とりあえず、こういうやり方でやってみよう」「まずはこの方法を試してみよう」ということになれば、それだけ「自分ごと」になります。自分ごとになれば、当然実行力は高まります。

継続的に目標を達成するリーダーは、このあたりの持っていき方が非常にうまいのです。

もう1つ違った視点の話をしましょう。

会社やチームの方針として「A」というやり方で行こうと決まっているなか、「どうしてもBというやり方をやりたい」というメンバーが出てくる場合もあります。

この場面で「Aに決まったんだから、オマエもそれに従え」と言うのは簡単です。

しかし、このコミュニケーションには2つの問題点があると私は考えます。

1つは、このメンバーにとって「自分ごと」になりにくく、参画意識が薄れるという問題です。モチベーションが下がり、実行力も低下してしまうでしょう。

そしてもう1つは、変化に富んだ現代という時代において「会社の方針」「チームのやり方」に固執するのは、相応にリスクがあるという問題です。

もしかしたら、このメンバーの言う「B」というやり方が、革新的な成果を生み出すかもしれません。その可能性を安易に否定するのは、やはりリーダーとして考えものです。

そこで私が提案したいのは「できる限り、やらせてみる」という決断です。

もちろん、やらせてみるからには、それなりにリスクがありますし、責任も伴います。

ここで重要なのは、**「この範囲なら、自分の責任のなかでなんとかなる」という範囲を設定して、メンバーにやらせてみる**ということです。

たとえば、営業エリアが10あるとしたら、そのうちに2を部下が主張する「B」というやり方でやらせてみます。あるいは、何かしらのプロジェクトを進行させているなら「リカバリーが効く期限」を設定して、「この期日まではBをやってみて、成果が出るか試してみる」というやり方もあるでしょう。

いずれにしても、無下に否定するのではなく、それでいて「ただやらせる」のではなく、範囲を決めてやらせてみること。

これがリーダーとしての腕の見せ所です。

もちろん、なんでもかんでもやらせてみるのではなく、「どうして、それをやりたいの？」という理由や目的部分のしっかりとした掘り下げを忘れないようにしましょう。「実際に、どのようにやろうと思っているの？」という実行プランについても質問します。

その返答があいまいだったり、十分でなかったりする場合には、「そのあたりをしっかり考えた上で、もう一度提案してくれないか」と本人に宿題を出すことも必要でしょう。

そういったていねいなコミュニケーションをしながらも、できるだけ「部下のやりたいこと」をトライさせてあげます。そうしたリーダーの姿勢がチームにチャレンジ精神を育んでいきます。

そんな決断もリーダーには必要なのだと私は考えています。

46 達成するリーダーは、メンバーがやりたいことをできる状況に整える！

47

達成するリーダーは会社や上司とのやりとりが巧み、達成しないリーダーは言う通りにしかできない。

いろんな会社に研修やセミナー、コンサルに入っていると、ミドルマネジャーの人たちからこんな悩みをよく耳にします。

「会社からいろんな方針、やり方が降りてくるのですが、それによって現場が混乱したり、仕事が停滞することがあるんです……」

きっと多くの人が感じている共通の悩みではないでしょうか？

ここで整理して考えてみましょう。

そもそも会社には大きな理念やビジョンや向かうべき方向というものがあります。

それについて「賛同できない」「それを守ろうとしたら、現場が機能しない」というのはおかしな話です。会社の理念に賛同できないなら、別の会社で働いたほうがいいでしょうし、その会社に集っている限り、会社の向かうべき方向には「一緒に向かっていくべき共同体」でなければなりません。

この項目でとり上げたいのは、もう少し具体的かつ細かな部分の話です。

以前、ある人材系の会社で研修をしたのですが、そこでは求人の情報誌や情報サイトに掲載してもらうよう、さまざまな企業に営業していくという事業を行っていました。

そして、営業によって契約した内容をシステムに入力していくのですが、あるとき、会社が新しいシステムを導入しました。

ところが、そのシステムの質が悪いために、現場が混乱してしまったのです。

このようなことは、どんな業種、どんな会社にも起こり得る話でしょう。


あるいは、こんなケースもありました。

ある営業系の事業部において、会社が２００項目のチェックリストを配り、「すべての営業員がそのチェックリスト通りの行動ができるように」というお達しが下されたのです。

営業パーソンの基本行動を定めることで、全体の質を向上しようという取り組みです。

しかし現場にしてみれば、チェック項目が２００個もあると、ものすごく手間がかかり、効率が悪い。

そこであるリーダーは、２００個のうち、自分達のチームの状況から特に今、重要だと思われる20項目だけを選び出し、現場で運用するようにしました。

会社の指示とは違う運用の仕方に変えたのです。

誤解のないように言っておきますが、私は何も「会社の指示に従わなくていい」「現場がやりやすいように、どんどん変えてしまえばいい」と言いたいのではありません。

注意したいのは、やはり会社から降りてくる指示やツールにおいては、100％現場にフィットしているとは言えないものもあるということです。

そこで**チームリーダーが何かしらの決断をして、現場のメンバーが働きやすいようにすることも、ときに必要なのです。**

ただしここで重要なのは、ただ**「チームで勝手にアレンジする」だけではなく、リーダーとして報告義務をきちんと果たす**ということです。

まず「このシステムが使いにくい」とか「200項目は多すぎる」という、感情的かつ愚痴ベースの内容では、まったくお話になりません。

最初に揃えるべきは、現場で起こっている客観的な事実です。

新しいシステムによって「何時間の作業ロスが発生しているのか」「営業担当にとっ

て、どのくらいの機会損失が起こっているのか」。あるいは「チェックの項目が多すぎて、チェックが作業的になってしまい、課題発見に機能していない」「今のチーム状況から見て、２００項目のうち、なぜこの20項目を重要課題として絞ったのか」などの目的や理由をきちんと報告（提案）する必要があります。

これは紛れもなくリーダーの役割です。それをせずに「会社の指示」に文句を言っているだけのリーダーや、勝手に「自分流」だけを実施してしまうリーダーはやはり問題です。

大局的に見れば、会社だって「現場がやりにくい方法」をあえて指示しているのではありません。それがもし本当に現場の弊害になっているなら、上層部が納得し、経営陣が「やり方を変えよう」と思えるような、客観的で、説得力のある報告、提案をしなければなりません。

もし、あなたがそういう建設的で実践的な提案ができるリーダーであれば、メンバーは働きやすくなりますし、会社としても、あなたのような人材をもっと上の立場で活躍させたいと思うものです。

47 達成するリーダーは、現場にフィットした提案ができる！

48

達成するリーダーは一度決めたことにも疑問を持ち、達成しないリーダーは決めたことを続ける。

どうしたら、より成果が出るか？

どうしたら、より効率がよくなるか？

そんなことをチームで話し合い、1つの方向性ややり方を決めるという場面があると思います。

こうしたコミュニケーションがチーム内で活発に行われていること自体は、本当にすばらしいことです。

さて、ここでテーマにしたいのは、「一度決めたこと」について「その後、どのように扱われているか」という部分です。

ぜひ、自分のチームを振り返ってみてください。

「こういうことをやろう」「これはすばらしい」とみんなが賛同し、実践していると、いつのまにか「目的」が失われ、その「行為そのもの」が目的化し、ただ続けているだけということはないでしょうか？

かつて私は、ＪＴで営業チームを率いていました。あるとき「どうしたら新商品をもっとお客様が手にとりやすくなるか」というテーマで話し合い、コンビニエンスストアなどで使用する手書きのＰＯＰを作ることになりました。

ＰＯＰ自体はＪＴ本社でも作っていて、どちらかと言うとカッコいいデザインで、見た目はいいのですが、訴求力にやや欠ける感じでした。

そこで、手書きの「手作り感」溢れるＰＯＰをレジの横に置かせてもらうことにしたのです。

すると、「こんな新商品が出ました！」ということをダイレクトにお客様に伝えることができ、それなりに効果も出ました。

当然、チームのメンバーもどんどんやる気が出てきて、オリジナルＰＯＰのクオリティは上がっていきますし、いろんな営業所を巻き込んだ「ＰＯＰ大賞」という賞まで作って、表彰するような動きにまでなっていきます。

もちろん、すばらしい展開です。

しかし、現場を冷静に見てみると、たしかにＰＯＰは目立っているのですが、ライバル会社も同じようなＰＯＰを作るようになり、あまり効果が出なくなっていたのです。

まさに「手書きＰＯＰを作ること」が目的化し、本来の「新商品をお客様に知ってもらう」「1つでも多く手にとってもらう」という目的が置き去りになっていたのです。

その問題にやっと気づいた私たちは「このままでいいのかな?」「本当の目的ってなんだっけ?」という本質的な話し合いを再び始めました。

「もちろん、今の手書きＰＯＰが悪いわけではないが、もっといい方法があるはずだ」ということで話し合いを続けた結果、「お客様向けではなく、コンビニエンスストアの店員さん向けに『新商品のオススメポイント』とか『おすすめワード』などを書いたＰＯＰを作るのはどうだろう?」というアイデアが生まれました。

「ＰＯＰを店員さん向けに作る」とは、まさにコロンブスの卵的発想。最近の言い方をするなら、イノベーションです。

さっそくその「店員さん向けＰＯＰ」を作ってみたところ、コンビニエンスストアの店員さんも、積極的にＪＴの新商品のアナウンスをしてくれるようになり、売上げがさらに上がったということがありました。

これは一例にすぎませんが、「一度決めたこと」を「本当に効果が出ているのかな?」「目的に即しているかな?」「これが最善の方法かな?」と常に疑問を持ち、工夫を続けることは非常に大切です。

もちろん「一度決めたことを続ける」というのは個人としても、チームとしても大事なことです。

ただし、**本当に目標を継続的に達成するチームというのは、「常に改善する」ということをチーム全体のマインド、文化として持っています。**

トヨタの「カイゼン」というのはあまりに有名ですが、これは何も「問題があるところを改善していく」という意味だけではありません。うまくいっている部分についても、「もっとうまくいく方法はないのか?」という思いを持って改善し続けること。

そんなマインドをメンバー全員が持っていると、他の追随を許さない圧倒的な結果を叩き出すチームへと成長していくのです。

48 達成するリーダーは、常に改善しようというマインドを持っている!

49

達成するリーダーは短期と長期のバランスがよく、達成しないリーダーは「短期的な視点」だけ。

今、あなたのチームで「優先的に取り組んでいること」は何ですか？

こう質問されて「私たちのチームでは今、○○を優先的に取り組んでいます」と答えられることは非常に重要です。リーダーはもちろん、チームのメンバーが同じように答えられるとしたら、チームとしての「最重要課題」「優先的に取り組むこと」が共有できているということです。

まず、これができているチームは強いでしょう。

実際、どんな組織、どんなチームにも複数の問題、取り組むべき課題が同時に生じているはずです。

・クライアント企業のキーマンの把握＆関係強化
・ニーズを引き出し、顕在化させる

・新商品の企画を月に10個出す
・生産ラインのオペレーション改善
・仕入れ原価を下げるための見直し
・新人が独り立ちできるように育成する
・それぞれが個人商店化しているので、情報と進捗の共有

などいろんな課題をチームは抱えています。１つひとつはとても重要な課題ですが、「そのすべてに取り組んでいます」というリーダーやチームほど１つも改善されないものです。

「チームとして、最優先で取り組むべきことは何なのか」「絶対に欠かすことができないのはどれなのか」という話し合いをして、１つか２つに絞り、その課題感を共有しておくことが大切です。

これができていないチームは、すぐにでも課題の抽出と、絞り込みを行って欲しいと思います。

さて、ここではもう１つ踏み込んで「優先課題はどのように選べばいいのか」という考え方のポイントついて触れておきましょう。

本書のテーマは「目標達成」ですから、どうしたって「今期の目標を達成したい」という思いは強くなるでしょう。きっと、そういうマインドのリーダーがこの本を読んでいるのだと思います。

もちろん、今期の目標を達成することは大事ですし、そのために「何を優先すべきか?」という議論は必要です。

しかし、実際に多くのチームを見ていると、1つの特徴に気づきます。

それは、**「今期の目標を達成するために……」という短期的な視点だけで優先順位を決めているところほど、常に苦しい状態にあります。**仮に、今期は目標達成できたとしても、それが続かないという問題を抱えているのです。

一般に、タスクの優先順位を決める際「緊急度と重要度を考えろ」という話がありますが、**チームの優先課題を決める際も、「短期的視点」と「長期的視点」をバランスよく見ていくことが大切**です。

世のリーダーたちの多くが「今期の目標達成」という厳しいプレッシャーのなか、日々奮闘していることはよくわかります。

しかし、その短期的視点こそが、自転車操業の苦しさを生んでいることも事実なのです。

49 達成するリーダーは、長期的視点も持っている！

ここではぜひ**「今期の目標達成のためにやるべきこと」と「長期的な目標達成に必要なこと」のバランスを考えて、「チームの優先課題」を決定して欲しい**のです。

ひどい営業会社の例として「売れないなら、自分で買え！」「家族や友だちに売れ！」という話を耳にしますが、これこそ今期のことしか考えていない典型例です。

先に須磨高校の監督の言葉を紹介しましたが、日本一をとるために、今やるべき大切なことは「生徒の身体作り」にあったわけです。このことを忘れてはなりません。

今まで、今期の数字を作るためにクライアントとの信頼関係を損ねたり、無理なお願いをしたり、社員が疲弊してしまうようなシフトを組んだりしたことはありませんか？

チームとして、ときに「無理をしなければならない場面」があることも重々承知していますが、それはあくまでも「特別なケース」です。それが恒常的に行われているとしたら、そのチームはいずれ崩壊してしまいます。

そうならないためにも、ぜひ「短期と長期のバランス」という意識を持って、質の高い意志決定をして欲しいのです。

50 達成するリーダーは「プラン」と「行動」が同時並行、達成しないリーダーはプランを決めてから行動。

組織やチームの課題について「こういう方法でやっていこう」と強化プランを決めることはとても大切です。

しかし、ここで1つ注意して欲しいのは、**「プランを完璧に決めてから行動する」というパターンに陥ってはならない、**ということです。

完璧な強化プランを作るために、チームのみんなで何度も話し合いを重ねていませんか？

一見すると、すばらしいチームマネジメントのように感じますが、世の中のたいていのことは「思い通りにいかない」のが前提ですし、「やってみなければわからない」ことばかりです。

つまり「完璧なプラン作り」というのは時間がかかる割に、効果はさほど見込めないことが多いのです。熱心なリーダーほど「何度も話し合いを重ねて……」ということをやりがちですが、意外に成果が出せなかったり、目標を達成できなかったりしています。

簡単に言えば、フットワークが重いチームになってしまっているのです。また同時に「一度決めたことをなかなか変えられない」ということも併発しがちでしょう。

私は本書で「1時間早く帰るにはどうしたらいいか」という改善のワークショップを立ち上げることを提案しました。それ自体はとてもいい施策だと思っています。

私が知る実際の組織でも、月に一度「業務改善のためのワークショップ」を実施しているところがあります。

しかし、定期的にワークショップを実施しているのはいいのですが、そこで出たアイデアがなかなか現場に展開されず、一向に業務改善がされない、という状況に陥っています。

まさに、話し合いのための話し合いをしてしまっているのです。

リーダーとして大事なのは、**まずはやってみること。**

やってみて「これはいい」と思えば続けますし、「何かが足りない」「この部分は必要ない」と思えば、足したり、引いたりすればいいのです。そして、どんなに「これはいい方法だ」とみんなで結論づけたものでも「現場で効果を発揮しない」とか「負担が大きすぎて機能しない」というなら、すぐにやめればいいのです。

誤解のないように言っておきますが、チームとして「欠かすことのできないもの」「絶対にないがしろにできないこと」は根気よく続けることが重要です。

ただし、それを実現するための方法、戦略、そして具体的な取り組みに関してはチームとして、個人として柔軟性を高めることも大切だと述べているのです。

特に「今」という時代は、会議室でみんなでじっくり話し合ったからと言って、最高の方法が見つかるわけではありません。

変化が激しい時代なので、「これはうまくいく」という方法でも、最初はうまくいっても、半年後にはマーケットの状況が変わり、うまくいかなくなるなんてことは、普通に起こり得ます。

特にリーダーは「一度決めたこと」であっても、それがきちんと機能し、効果を発揮しているかをていねいに観察し続け、必要に応じて変化させていかなければなりません。

たとえば、本書の活用法にしたって同じです。

本書は「目標を達成するリーダー」というテーマにおいて、さまざまな方法、ノウハウをご紹介しました。それらのすべてが、あらゆる業界、あらゆるチームに効果的なのではありません。「自分のチームには向かないな」と感じるものもあるでしょう。

しかし、その一方で「これはいいかもしれない」「ぜひ、やってみたい」と感じたものもいくつかはあったはずです。

そう思ったら、すぐにチームのみんなに「これをやってみたいんだけど、どう思う？」と投げかけてみましょう。そして、「よさそうだ」というのなら、何はともあれ実行してみてください。

その**意志決定とフットワークの軽さが、目標達成するチームを作る第一歩**です。

そして、そこで終わりではなく、チームのメンバー、現場の状況などをていねいに観察しながら、「足したり、引いたり」「新しいことをやったり、やめたり」しながら、自分のチームにとって最適な方法を常にアレンジし続けて欲しいのです。

イチロー選手は「ベストなフォームがあるのではなく、ベストなフォームを追求し続けることこそがベスト」と述べていますが、まさにチームも、リーダーも同じです。

継続的に目標を達成するリーダーとは、そんなていねいな観察と試行錯誤を決して怠らないのです。

50 達成するリーダーは、行動してから最適な方法にアレンジする！

おわりに

私はよく、ともに働くメンバーに、そして研修などでかかわりを持たせていただくみなさまに「何のために働くの？」と問いかけます。

すると多くのメンバーから「家族のため」という言葉が返ってきます。

私のなかでは「お客様のため」という返答も予想してはいるのですが、ほとんどの人から「家族のため」という言葉が聞かれます。

そんな私自身も「何のために働くのか？」と問われたら、「家族のため」と答えます。

それが本心ですし、働く大きな目的の1つです。

業績目標を達成し、その会社の利益こそが、社員の、そして社員の大切な家族の生活を支えています。各々の人生を支えてくれる大切な経済基盤なのです。

つまり「業績目標を達成する」あるいは「達成し続ける」というのは、社員を預かるリーダーにとって「それぞれの人生を支える」と言えるほど大事な役割なのです。そんなにも大事な仕事を、あなた方リーダーは日々担っているのです。

一方で、ますます競争が厳しさを増す今日、業績という目標を追い求め、プレッシャーで押しつぶされそうになりながら、ばたばたと時間がすぎていく。そんな日常を過ごしているリーダーも多いのではないでしょうか。

小手先のテクニックで目標を達成できるほど現実は甘くありません。その厳しさ故に心が折れそうになることもあるでしょう。

しかし、そうした厳しいビジネス環境であればあるほど、ときには足を止め「目標を達成し続けるために本当に大切なことは何か」を考えてみて欲しいのです。

リーダー自身がじっくりと考える時間を持つことも大切ですし、ぜひメンバーとも「腹を割って、考え、話し合う機会」を持って欲しいと思います。

本書がそんな一助になればという思いを込めて書かせていただきました。

この書を手にとってくださった読者のみなさまのご活躍を心から願っていますし、応援しています。

マネジメントケアリスト　浅井浩一

■著者略歴
浅井　浩一（あさい　こういち）
一般社団法人　日本マネジメントケアリスト協会　代表理事
公益財団法人　日本生産性本部・経営アカデミー　組織変革＆リーダーシップ コーディネーター
一般社団法人経営研究所　浅井浩一元気塾塾長
内外情勢調査会　講師
二松学舎大学　国際政治経済学科　非常勤講師

JTで歴代最年少支店長として、万年最下位クラスの支店を連続日本一にするなど、組織を数々の偉業達成に導く。経営幹部として現場でマネジメントを実践しながら、41歳より公益財団法人日本生産性本部・経営アカデミーなどのビジネススクールで多くの企業幹部、管理職、リーダーを指導。

「人の本質に根差したマネジメント」の実践で確実に成果に導く、「組織力強化」のプロとして講演依頼もひっきりなしで、マネジメントケアリストとして数多くの企業、自治体、各種業界団体、大学等全国各地で幅広く講演、研修、コンサルティングを行い、「意識と行動を変える超実践派」として、高い評価を得ている。
著書に『はじめてリーダーになる君へ』（ダイヤモンド社）がある。

●著者 HP：
http://ayayagakkou.com/

本書の内容に関するお問い合わせ
明日香出版社　編集部
☎(03) 5395-7651

目標《もくひょう》を「達成《たっせい》するリーダー」と「達成《たっせい》しないリーダー」の習慣《しゅうかん》

2018年　7月　18日　初版発行

著　者　浅《あさ》井《い》浩《こう》一《いち》
発行者　石野栄一

明日香出版社
〒112-0005 東京都文京区水道2-11-5
電話 (03) 5395-7650（代表）
(03) 5395-7654（FAX）
郵便振替 00150-6-183481
http://www.asuka-g.co.jp

■スタッフ■　編集　小林勝／久松圭祐／古川創一／藤田知子／田中裕也
営業　渡辺久夫／浜田充弘／奥本達哉／野口優／横尾一樹／関山美保子／藤本さやか　財務　早川朋子

印刷　株式会社文昇堂
製本　根本製本株式会社
ISBN 978-4-7569-1973-1 C0036

編集担当　古川創一

「仕事が速い人」と「仕事が遅い人」の習慣

山本　憲明

同じ仕事をやらせても、速い人と遅い人がいます。その原因はいろいろです。
仕事の速い人、遅い人の習慣を比較することで、どんなことが自分に足りないのか、どんなことをすればいいのかがわかります。著者の体験談とともに 50 項目で紹介します。

本体価格 1400 円＋税　B6 並製　240 ページ
ISBN978-4-7569-1649-5　2013/10 発行

「すぐやる人」と「やれない人」の習慣

塚本　亮

「すぐに動ける人がうまくいく」とよく言われるけど、「失敗するとどうしよう」などと考えると、行動に移せなくなるもの。
そんなことが続くと、自分は意志が弱い人間だと、自分を責めて、自信がなくなる一方。そういう負のサイクルに陥る人が自分の行動を変えるために読んでもらいたい本です。

本体価格 1400 円＋税　B6 並製　240 ページ
ISBN978-4-7569-1876-5　2017/01 発行

目標を「達成する人」と「達成しない人」の習慣

嶋津　良智

意識が高く努力すれど、その努力が報われない……
そんな人はもしかしたら、目標達成の手順を踏んでいないかもしれません。
ダメサラリーマンから上場企業の社長になった著者自身の経験を交え、「目標設定」「実行力のつけ方」「タイムマネジメント」「人の巻き込み方」などを紹介します。

本体価格 1400 円＋税　B6 並製　240 ページ
ISBN978-4-7569-1669-3　2014/01 発行

仕事で「ミスをしない人」と「ミスをする人」の習慣

藤井　美保代

少し忙しくなると、余裕をもつことができず、仕事を回しきれないという人は少なくない。その一方で、忙しくても、余裕をもちながら、仕事を進められ、なおかつミスがない人はどういう習慣を持っているのか。事務系の仕事を進めるうえで大切な、心構え、考え方、準備の仕方、段取り、ミス撲滅の工夫などを紹介していく。

本体価格 1400 円＋税　B6 並製　240 ページ
ISBN978-4-7569-1963-2　2018/04 発行

仕事が「速いリーダー」と「遅いリーダー」の習慣

石川　和男

プレイングマネージャーと言われる管理職が増えてきました。彼らは、実務をこなしながら、部下の面倒も見なければなりません。従って、毎日忙しく、自分の時間を持つことができないのです。本書は、リーダーの仕事を早く行うための習慣を50項目にまとめました。

本体価格 1500 円＋税　B6 並製　240 ページ
ISBN978-4-7569-1840-6　2016/06 発行

「残業しないチーム」と「残業だらけチーム」の習慣

石川　和男

ライフワークバランスを考え、仕事もプライベートも充実させるが今の働き方の王道です。
しかし、だらだらと働いて毎日遅くまで残っている部下、「忙しい」が口癖の自分（上司）。どうすればチームが変われるのかを50項目でまとめました。

本体価格 1500 円＋税　B6 並製　240 ページ
ISBN978-4-7569-1929-8　2017/10 発行